中国科学院教材建设专家委员会规划教材

Excel 在经济统计与分析中的应用实验指导书

（第二版）

刘凌波　主编

科学出版社

北京

内 容 简 介

本书是《Excel 在经济统计与分析中的应用（第二版）》（刘凌波主编）一书的配套实验教材，在主教材知识讲授的基础上进行相应的实训练习，以帮助读者进一步理解和巩固教材内容。

本书共 10 章：第 1 章初识 Excel、第 2 章 Excel 中的公式与函数、第 3 章数据输入与数据透视表、第 4 章数据管理与数据分析工具、第 5 章图表、第 6 章投资决策模型、第 7 章经济订货量模型、第 8 章最优化模型、第 9 时间序列预测和第 10 章回归分析预测，与主教材的章节安排对应，每一章包含若干个与主教材相配套的实验练习。

本书实验编排紧贴教材内容，实验步骤描述翔实，适合作为财经类院校学生的学习实验教材，同时也可作为生产管理、经济统计、数据分析处理等领域的工作人员的参考书。

图书在版编目（CIP）数据

Excel 在经济统计与分析中的应用实验指导书/刘凌波主编．—2 版．—北京：科学出版社，2018.1
中国科学院教材建设专家委员会规划教材
ISBN 978-7-03-056479-5

Ⅰ.①E… Ⅱ.①刘… Ⅲ.①表处理软件-应用-经济统计-统计分析-高等学校-教学参考资料 Ⅳ.①F222.1

中国版本图书馆 CIP 数据核字（2018）第 016418 号

责任编辑：于海云 / 责任校对：郭瑞芝
责任印制：霍 兵 / 封面设计：迷底书装

科 学 出 版 社 出版
北京东黄城根北街 16 号
邮政编码：100717
http://www.sciencep.com

天津文林印务有限公司 印刷
科学出版社发行 各地新华书店经销
*
2015 年 1 月第 一 版　开本：720×1000　1/16
2018 年 1 月第 二 版　印张：8 1/2
2021 年 1 月第七次印刷　字数：181 000
定价：23.50 元
（如有印装质量问题，我社负责调换）
版权所有，违者必究！未经本社许可，数字图书馆不得使用

前　言

Excel 2010 作为办公软件 Office 2010 的组件之一，因为它在数据处理、统计分析、图表设计等方面具有强大的功能，所以在经济统计与分析领域发挥着重要的作用。作为财经类院校的学生，掌握 Excel 在经济统计与分析中的各种应用是必不可少的技能，为后续专业课的学习和今后的工作打下良好的基础。

本书第一版自 2015 年 1 月出版以来，受到众多一线教师、学生和同行专家的好评。编者在尽量保持第一版的编写风格、组织体系和知识内容的基础上，对第一版中的疏漏之处进行了订正；补充完善了主教材和实验指导书的相关教学资源，如 PPT 课件、主教材例题素材、实验指导书素材等；对于主教材各章的重点和难点部分增加了相应的教学视频，学习者通过扫描二维码，即可观看相应知识点的教学视频，以满足教师多种教学模式的需要、学生预习和复习的需要以及自学者学习的需要。

本书是《Excel 在经济统计与分析中的应用（第二版）》（刘凌波主编）一书的配套实验教材，在主教材知识讲授的基础上进行相应的练习，以进一步帮助读者理解和巩固教材内容。本书实验编排紧贴教材内容，实验步骤描述翔实，同时也可作为生产管理、经济统计、数据分析处理等领域的工作人员的参考书。

本书共 10 章，内容包括：初识 Excel、Excel 中的公式与函数、数据输入与数据透视表、数据管理与数据分析工具、图表、投资决策模型、经济订货量模型、最优化模型、时间序列预测和回归分析预测，与主教材的章节安排对应。

本书由刘凌波任主编，参加编写的教师还有汤晖、朱小英、周松、丁元明、周浪、赵明、黄波、王维民和吕捷。

感谢在该课程的研究过程中给予大力支持以及共同努力的人们！同时向在编写过程中参考的文献资料的作者们表示感谢！

由于编者水平有限，且时间仓促，难免会有疏漏和不足之处，恳请读者和同行批评指正。

编　者

2017 年 12 月

目 录

第1章 初识 Excel ··· 1
实验 1.1 Excel 2010 基本操作（一） ·· 1
实验 1.2 Excel 2010 基本操作（二） ·· 3
实验 1.3 Excel 2010 打印管理 ··· 4

第2章 Excel 中的公式与函数 ··· 7
实验 2.1 统计学生成绩 ··· 7
实验 2.2 订单数据汇总 ··· 9

第3章 数据输入与数据透视表 ··· 12
实验 3.1 数据输入与编辑 ··· 12
实验 3.2 数据填充 ··· 13
实验 3.3 数据有效性 ·· 15
实验 3.4 数据透视表（一） ·· 17
实验 3.5 数据透视表（二） ·· 19
实验 3.6 数据透视表（三） ·· 22

第4章 数据管理与数据分析工具 ·· 25
实验 4.1 数据清单与排序 ··· 25
实验 4.2 高级筛选 ··· 30
实验 4.3 分类汇总 ··· 31
实验 4.4 自动组合 ··· 35
实验 4.5 合并计算 ··· 39
实验 4.6 单变量求解 ·· 43
实验 4.7 模拟运算表 ·· 44

第5章 图表 ·· 48
实验 5.1 制作各地区销售订单饼图 ·· 48
实验 5.2 制作动态订单柱形图 ··· 56

第 6 章　投资决策模型 ·············· 63

实验 6.1　财务函数计算模型 ·············· 63
实验 6.2　投资评价模型 ·············· 65
实验 6.3　房地产投资模型 ·············· 68
实验 6.4　基金投资模型 ·············· 71
实验 6.5　外汇投资模型 ·············· 76

第 7 章　经济订货量模型 ·············· 80

实验 7.1　经济订货量基本模型 ·············· 80
实验 7.2　带阈限值的折扣优惠的经济订货量模型 ·············· 83
实验 7.3　非连续价格的折扣优惠的经济订货量模型 ·············· 87

第 8 章　最优化模型 ·············· 92

实验 8.1　运输问题 ·············· 92
实验 8.2　选址问题 ·············· 95
实验 8.3　指派问题 ·············· 98
实验 8.4　生产问题 ·············· 101
实验 8.5　原料配比问题 ·············· 103

第 9 章　时间序列预测 ·············· 106

实验 9.1　某生产企业月产量的移动平均预测模型 ·············· 106
实验 9.2　某餐饮连锁店餐饮外卖年销售量的指数平滑预测模型 ·············· 112

第 10 章　回归分析预测 ·············· 118

实验 10.1　一元线性回归分析 ·············· 118
实验 10.2　一元非线性回归分析 ·············· 124

参考文献 ·············· 129

第 1 章 初识 Excel

实验 1.1　Excel 2010 基本操作(一)

【实验目的】
- 掌握启动 Excel 2010 的方法。
- 掌握 Excel 2010 工作表的格式化方法。
- 掌握保存工作簿的操作。
- 掌握退出 Excel 2010 的三种方法。

【实验内容】
1. 插入行和列,合并和对齐单元格,给数据表加表头标题并设置标题格式。
2. 设置行高和列宽、单元格字体字号、单元格自动换行。
3. 设置单元格的边框和底纹。
4. 保存文件。
5. 退出 Excel 2010。

【操作步骤】
1. 启动 Excel 2010。

单击"开始"按钮,选择"所有程序"菜单下的"Microsoft Office 2010"文件夹并单击,然后再选择"Microsoft Excel 2010"命令,即可启动 Excel 2010。

2. 打开工作簿"实验 1.1.xlsx"。

在 Excel 2010 中,选择"文件"选项卡的"打开"命令,在"打开"对话框中选择"实验 1.1.xlsx",单击"打开"按钮,则打开"实验 1.1"工作表数据,如图 1-1 所示。

3. 插入空行,给数据表加表头标题并设置标题格式。

(1) 选中行号 1,右击,在弹出的快捷菜单中选"插入"命令,则在第 1 行之前插入一个空行。

(2) 在 A1 单元格输入"图书情况销售表",作为表标题(注:不输入引号)。

(3) 选择 A1:F1,合并后居中成为一个单元格。

4. 设置行高和列宽、单元格字体字号。

(1) 设置第 1 行的行高为 30。

选中第 1 行,选择"开始"选项卡"单元格"组中的"格式"命令,选择"行高",在打开的"行高"对话框中输入"30",单击"确定"按钮。或选中第 1 行,右击选择"行高"命令，输入"30"。

(2) 选中 A1 单元格内容，设置文字颜色为红色，字体为宋体，字号为 20 号。

(3) 选中单元格区域 A2:F47，设置字体为华文仿宋，字号为 16。

	A	B	C	D	E	F
1	图书编号	书名	图书类别	销售数量	销售日期	单价
2	S001.02	古今中外格言	少儿	500	2013/2/10	20
3	T001.10	数据库应用系统	计算机	1000	2013/7/8	30
4	T001.06	计算机应用基础	计算机	2000	2013/9/10	29
5	S001.04	唐诗三百首	少儿	1300	2013/5/9	19
6	A001.06	牛津字典	社科	2	2013/6/23	50
7	S001.05	宋词	少儿	600	2013/8/12	20
8	S001.01	三字经里的故事	少儿	230	2013/10/6	22
9	T001.07	Office2010新开发	计算机	1200	2013/12/29	30
10	T001.08	Excel应用大全	计算机	3000	2013/8/20	32
11	T001.09	计算机在财经中的应用	计算机	5000	2013/11/12	31
12	S001.03	成语词典	少儿	1200	2013/7/27	20
13	k004.07	会计核算	会计	700	2013/9/26	25
14	D005.09	统计分析	统计	760	2014/1/7	28
15	B0012.09	昆虫记	社科	200	2014/5/9	30
16	S0012.10	百科知识	少儿	300	2014/2/12	25

图 1-1 "实验 1.1"工作表数据

(4) 设置合适的列宽。

选中 E 列，选择"单元格"组中的"格式"命令，在下拉菜单中选择"自动调整列宽"命令。

(5) 设置自动换行。

选中 B 列，选择"开始"选项卡"对齐方式"组中的"自动换行"命令。

5. 设置边框和底纹。

(1) 按 Ctrl+A 键选中整个数据区（非空单元格），设置框线：所有框线。

(2) 选中 A2:F2 区域，设置黄色底纹，结果如图 1-2 所示。

	A	B	C	D	E	F
1			图书销售情况表			
2	图书编号	书名	图书类别	销售数量	销售日期	单价
3	S001.02	古今中外格言	少儿	500	2013/2/10	20
4	T001.10	数据库应用系统	计算机	1000	2013/7/8	30
5	T001.06	计算机应用基础	计算机	2000	2013/9/10	29
6	S001.04	唐诗三百首	少儿	1300	2013/5/9	19
7	A001.06	牛津字典	社科	2	2013/6/23	50
8	S001.05	宋词	少儿	600	2013/8/12	20
9	S001.01	三字经里的故事	少儿	230	2013/10/6	22
10	T001.07	Office2010新开发	计算机	1200	2013/12/29	30
11	T001.08	Excel应用大全	计算机	3000	2013/8/20	32
12	T001.09	计算机在财经中的应用	计算机	5000	2013/11/12	31
13	S001.03	成语词典	少儿	1200	2013/7/27	20
14	k004.07	会计核算	会计	700	2013/9/26	25

图 1-2 结果图示

6. 保存文件。

(1) 单击快速工具栏"保存"按钮![]，打开"另存为"对话框，把文件保存到以自己的班级学号命名的文件夹中。

(2) 保存文件名称为"班级学号姓名实验 1.1"工作簿。

7. 退出 Excel 2010。

(1) 单击标题栏中"关闭"按钮![]。

(2) 单击"文件"选项卡，选择"退出"命令。

想一想：能说出退出 Excel 的第三种方法吗？

实验 1.2　Excel 2010 基本操作(二)

【实验目的】

- 熟悉单元格自定义格式设置。
- 熟悉条件格式的操作。
- 熟悉查找和替换操作。
- 熟悉冻结操作。
- 掌握单元格文字居中及边框和底纹的设置。

【实验内容】

1. 打开数据表"实验 1.2.xlsx"，删除空行和空列并对隐藏的列取消隐藏。

2. 对"日期"字段自定义"dd 日 mm 月 yyyy 年"显示格式。

3. 将"经营门市"字段的"公司"替换为"部门"。

4. 冻结首列，选择 A7:F7，设置字体为楷体，颜色为红色，边框为粗匣框线。

5. 对"数量"字段，设置条件格式，突出显示大于 60 的单元格，绿填充色深绿色文本。

【操作步骤】

1. 打开工作簿"实验 1.2.xlsx"，选中第 9 行空行，右击，选"删除"命令，选择 D 列空列，右击选"删除"命令。选择 D 列和 F 列，右击，选择"取消隐藏"命令，则 E 列显现。

2. 选择单元格区域 E2:E21，在"开始"选项卡的"单元格"组，单击"格式"按钮，选择"设置单元格格式"命令，选择"数字"选项卡，在"分类"下选择"自定义",在"类型"文本框中输入"dd 日 mm 月 yyyy 年",单击"确定"按钮。

3. 选中"经营门市"字段数据区域 D2:D21,在"开始"选项卡的"编辑"组,单击"查找和选择"按钮,在菜单中选择"替换"命令,输入查找内容"公司"并且替换为"部门",单击"全部替换"按钮。

4. 选中 A 列,在"视图"选项卡的"窗口"组中单击"冻结窗口"按钮,选择"冻结首列"命令。选中单元格区域 A7:F7,设置字体为楷体,颜色为红色,边框为粗匣框线。

5. 选中 F2:F21,在"开始"选项卡的"样式"组中单击"条件格式"按钮,选"突出显示单元格规则"的"大于"命令,在弹出的对话框中,为数值大于 60 的单元格设置,绿填充色深绿色文本。

以上操作完成后结果如图 1-3 所示。

设置完成后保存工作簿文件,名称为"班级姓名学号-实验 1.2",扩展名为"xlsx"。

	A	B	C	D	E	F
1	代号	名称	产地	经营门市	日期	数量
2	A000001	大米	东北	A部门	09日08月2013年	26.6
3	A000002	小米	山东	A部门	03日09月2013年	35.8
4	A000003	大麦	山东	A部门	24日01月2013年	53.6
5	A000004	小麦	东北	A部门	20日03月2013年	87.3
6	A000005	绿豆	东北	A部门	12日04月2014年	50
7	D000006	黄豆	东北	D部门	03日07月2013年	70
8	D000007	蜀黍	山东	D部门	07日05月2014年	84.4
9	A000008	黑米	四川	A部门	09日12月2013年	50.6
10	A000009	黑豆	东北	A部门	05日07月2013年	40.7
11	A000010	糙米	江苏	A部门	01日07月2014年	68.3
12	H000011	粳米	江苏	H部门	07日10月2014年	50.8
13	H000012	豌豆	江苏	H部门	09日11月2013年	78.9
14	H000013	糯米	江苏	H部门	06日08月2013年	60.5
15	A000014	粘黄米	河南	A部门	09日07月2014年	136.6
16	A000015	花豆	山东	A部门	02日05月2014年	58
17	A000016	花生	山东	A部门	19日06月2014年	60
18	A000017	芝麻	江苏	A部门	26日07月2014年	72.8
19	A000018	玉米	广州	A部门	26日12月2013年	80.8
20	A000019	面粉	山东	A部门	08日01月2014年	65.8
21	A000020	紫米	江苏	A部门	02日08月2014年	89.6

图 1-3 实验结果图示

实验 1.3 Excel 2010 打印管理

【实验目的】

- 熟悉页边距设置。
- 熟悉自定义页眉页脚。

● 熟悉打印预览。

【实验内容】

1. 打开工作簿文件"实验 1.3.xlsx",加空行,输入记录,设置单元格字号、底纹、框线。

2. 设置页边距,自定义页眉页脚,打印预览。

【操作步骤】

1. 打开工作簿"实验 1.3.xlsx",取消 C 列的隐藏。在 19 行插入一个空行,输入:XG0001、西瓜、100、中部、10。

2. 将单元格区域 A1:E1 合并并居中,设置标题格式:字号为 20,底纹为蓝色,强调文字颜色 1,淡色 80%;框线为粗匣框线,红色。

3. 选中 A2:E33 单元格区域,设置字号为 18,对齐方式为居中,调整各列宽为最合适列宽。

4. 在"页面布局"选项卡的"页面设置"组中单击"页边距"按钮,选择"自定义边距"命令,打开"页面设置"对话框,在"页边距"选项卡中进行设置:左边距为 3.8,上边距为 1.9,下边距为 1.9,右边距为 1.8。

5. 自定义页眉页脚。左侧插入日期、16 号字、倾斜;中间输入"第&[页码]页,共&[总页数]页"、16 号字。单击"确定"按钮,如图 1-4 所示。

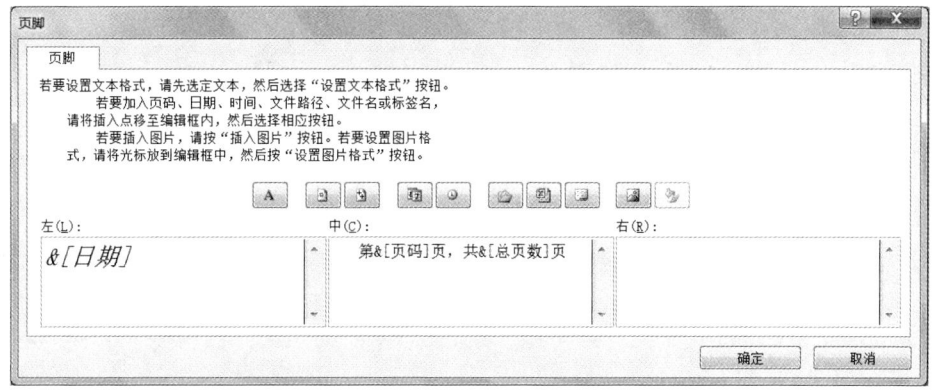

图 1-4 自定义页脚

回到"页面设置"对话框,选择"打印预览",打印预览的效果如图 1-5 所示。

果树基地栽培情况表				
代号	树种	株树（棵）	栽种地区	单价
CLZ001	车厘子	30	中部	300
HL001	火龙果	30	南部	200
L0001	梨树	10	北部	200
LL0001	榴莲	30	南部	200
LZ0001	荔枝	50	南部	190
MH001	猕猴桃	30	北部	100
NY0001	牛油果	10	南部	260
PG0001	苹果	20	北部	160
SJ001	释迦果	20	南部	350
SS0001	桑树	40	中部	160
T0002	桃树	10	北部	150
W0001	无花果	10	北部	50
X0001	杏树	15	北部	140
XJ0001	香蕉	60	南部	200
YT0001	樱桃	40	中部	200
ZT0001	竹桃	40	南部	300
XG0001	西瓜	100	中部	10
GLG001	嘎啦果	50	北部	20
LZ0002	荔枝2	60	南部	50
GZ0001	果子	20	北部	50
CM0001	草莓	1000	南部	10
HM0001	黑莓	900	南部	20
LM0002	蓝莓	800	中部	30
LM0002	蓝莓2号	300	中部	40
LZ0001	李子1号	1000	北部	50
LZ0002	李子2号	2000	北部	50

2014/8/4　　　　　　第1页，共2页

图 1-5　打印预览

第 2 章　Excel 中的公式与函数

实验 2.1　统计学生成绩

【实验目的】
- 掌握函数和公式的使用。
- 掌握单元格(区域)地址的使用。
- 学会使用函数 SUM、AVERAGE、RANK 函数统计学生的成绩及排名。
- 学会使用函数 MAX、MIN 函数统计最高分与最低分情况。
- 掌握 COUNTIF 函数进行条件统计。
- 学会 VLOOKUP 函数在指定区域中查找数据的用法。
- 学会 INDEX 函数嵌套 MATCH 函数的用法。

【实验内容】

1. 根据本工作表提供的数据清单(图 2-1)，利用 SUM、AVERAGE 及 RANK 函数计算每个学生的总分、平均分及总分排名(降序)，结果放在相应列中，其中平均分要求四舍五入保留 1 位小数。

	A	B	C	D	E	F	G	H
1	姓名	语文	数学	政治	英语	总分	平均分	排名
2	陈虹	94	42	57	47			
3	陈丽苹	87	94	79	68			
4	程华	81	89	66	65			
5	端木一林	67	79	95	86			
6	李小明	81	76	69	79			
7	梁齐峰	87	74	49	42			
8	鲁小淮	98	57	90	71			
9	马骏	92	68	76	82			
10	毛小虎	73	86	55	54			
11	沈丹丹	64	91	71	99			
12	沈晓鸣	86	60	95	79			
13	司马一光	65	57	61	87			
14	孙国峰	81	59	71	71			
15	王芳	78	52	44	85			
16	王君	47	52	56	77			
17	王晴芳	96	47	82	88			
18	王若君	95	64	68	52			
19	王雨	86	86	56	72			
20	吴江峰	89	85	92	58			
21	许林峻	66	62	84	82			
22	杨萍	63	56	77	49			
23	姚振宇	98	85	96	92			
24	张立静	94	44	70	44			
25	张起鸣	96	36	53	85			
26	张月岳	92	93	92	53			
27	邹洁	94	71	86	45			

图 2-1　学生成绩表原始数据

2．利用 MAX、MIN 函数计算各门课程的最高分和最低分，结果放在 B28:E29 单元格区域中，如图 2-2 所示。

3．利用 COUNTIF 函数统计出语文成绩大于等于 90 分的人数，结果放在 B31 单元格中，如图 2-3 所示。

	A	B	C	D	E
1	姓名	语文	数学	政治	英语
28	最高分				
29	最低分				

图 2-2　每门课程的最高分和最低分

	A	B
1	姓名	语文
30	语文成绩>=90的人数	
31		

图 2-3　查找满足条件的人数

4．利用 VLOOKUP 函数查找出司马一光的总分，结果放在 E31 单元格中，如图 2-4 所示。

5．在 B34、B35 单元格中利用 MAX 和 MIN 函数计算出“总分”的最高分和最低分，并利用 INDEX 和 MATCH 函数求出总分最高分及最低分对应的学生姓名，结果分别放在 C34、C35 单元格中，如图 2-5 所示。

	D	E
30		总分
31	司马一光	

图 2-4　查找司马一光的总分

	A	B	C
32			
33		总分	姓名
34	最高分		
35	最低分		

图 2-5　总分的最高分、最低分及对应的姓名

【操作步骤】

1．计算学生的总分、平均分及排名。

(1) 在 F2 单元格中输入公式：=SUM(B2:E2)，计算陈虹的总成绩。

(2) 在 G2 单元格中输入公式：=ROUND(AVERAGE(B2:E2),1)，计算陈虹的平均分，并对平均分四舍五入保留了 1 位小数。

(3) 在 H2 单元格中输入公式：=RANK(F2,$F$2:$F$27,0)，计算陈虹的总分排名(降序)。

(4) 选中单元格区域 F2:H2，拖放填充柄，将公式填充至 F3:H27。

2．计算各门课程的最高分和最低分。

(1) 在 B28 单元格中输入公式：=MAX(B2:B27)，计算语文成绩的最高分。

(2) 在 B29 单元格中输入公式：=MIN(B2:B27)，计算语文成绩的最低分。

(3) 选中单元格区域 B28:B29，拖放填充柄，将公式填充至 C28:E29。

3．计算语文成绩大于等于 90 分的人数。

在 B31 单元格中输入公式：=COUNTIF(B2:B27,">=90")

4．查找司马一光的总分。

在 E31 单元格中输入公式：=VLOOKUP(D31,A2:F27,6)

5．计算总分的最高分、最低分及对应的学生姓名。

(1) 在 B34 单元格中输入公式：=MAX(F2:F27)，计算出总分的最高分。

(2) 在 B35 单元格中输入公式：=MIN(F2:F27)，计算出总分的最低分。

(3) 在 C34 单元格中输入公式：=INDEX($A$2:$A$27,MATCH(B34,$F$2:$F$27,0))，计算出总分最高分对应的学生姓名。

(4) 选中单元格 C34，拖放填充柄，将公式填充至 C35。

实验 2.2　订单数据汇总

【实验目的】
- 掌握 SUM 函数嵌套 IF 函数的用法。
- 条件"与"运算使用"*"号，条件"或"运算使用"+"号。
- 理解和掌握数组公式的用法。

【实验内容】
某公司的订单数据如图 2-6 所示。

	A	B	C	D	E
1	订单ID	运货费	运货公司	订单金额	货主国家
2	10399	27.36	联邦货运	1765.60	中国
3	10400	83.93	联邦货运	3063.00	中国
4	10401	12.51	急速快递	3868.60	中国
5	10402	67.88	统一包裹	2713.50	中国
6	10403	73.79	联邦货运	855.01	中国
7	10404	155.97	急速快递	1591.25	美国
8	10405	34.82	急速快递	400.00	中国
9	10406	108.04	急速快递	1830.78	中国
10	10407	91.48	统一包裹	1194.00	美国
11	10408	11.26	急速快递	1622.40	日本
12	10409	29.83	急速快递	319.20	日本
13	10410	2.4	联邦货运	802.00	中国
14	10411	23.65	联邦货运	966.80	日本
15	10412	3.77	统一包裹	334.80	中国
16	10413	95.66	统一包裹	2123.20	美国
17	10414	21.48	联邦货运	224.83	日本
18	10415	0.2	急速快递	102.40	日本
19	10416	22.72	联邦货运	720.00	日本
20	10417	70.29	联邦货运	11188.40	日本
21	10418	17.55	急速快递	1814.80	中国
22	10419	137.35	统一包裹	2097.60	美国
23	10420	44.12	急速快递	1707.84	美国
24	10421	99.23	统一包裹	1194.27	英国
25	10422	3.02	急速快递	49.80	英国
26	10423	24.5	联邦货运	1020.00	英国
27	10424	370.61	统一包裹	9194.56	英国
28	10425	7.93	统一包裹	360.00	英国
29	10426	18.69	急速快递	338.20	英国
30	10427	31.29	统一包裹	651.00	中国
31	10428	11.09	急速快递	192.00	中国
32	10429	56.63	统一包裹	1441.38	中国
33	10430	458.2	急速快递	4899.20	中国

图 2-6　订单数据

1. 根据本工作表所提供的数据，利用 SUM 函数、IF 函数及数组公式进行数据汇总，统计不同国家各运货商的订单数，结果放在 H2:K4 单元格区域中，如图 2-7 所示。

	F	G	H	I	J	K
1		订单数汇总	中国	日本	美国	英国
2		联邦货运				
3		急速快递				
4		统一包裹				

图 2-7　统计订单数

2. 根据本工作表所提供的数据，利用 SUM 函数、IF 函数及数组公式进行数据汇总，统计不同国家各运货商的运货费总额，结果放在 H8:K10 单元格区域中，如图 2-8 所示。

	F	G	H	I	J	K
6						
7		运货费汇总	中国	日本	美国	英国
8		联邦货运				
9		急速快递				
10		统一包裹				

图 2-8　运货费汇总

3. 根据本工作表所提供的数据，利用 SUM 函数、IF 函数及数组公式进行数据汇总，统计不同国家各运货商的订单金额总计，结果放在 H14:K16 单元格区域中，如图 2-9 所示。

	F	G	H	I	J	K
12						
13		订单金额汇总	中国	日本	美国	英国
14		联邦货运				
15		急速快递				
16		统一包裹				

图 2-9　订单金额汇总

【操作步骤】

1. 计算不同国家各运货商的订单数。

（1）在 H2 单元格中输入公式：=SUM(IF(($C$2:$C$160=G2)*($E$2:$E$160=$H$1),1))，然后按下 Ctrl+Shift+Enter 组合键。

（2）在 I2 单元格中输入公式：=SUM(IF(($C$2:$C$160=G2)*($E$2:$E$160=$I$1),1))，然后按下 Ctrl+Shift+Enter 组合键。

（3）在 J2 单元格中输入公式：=SUM(IF(($C$2:$C$160=G2)*($E$2:$E$160=$J$1),1))，然后按下 Ctrl+Shift+Enter 组合键。

（4）在 K2 单元格中输入公式：=SUM(IF(($C$2:$C$160=G2)*($E$2:$E$160=$K$1),1))，然后按下 Ctrl+Shift+Enter 组合键。

（5）选中单元格区域 H2:K2，拖放填充柄，将公式填充至 H3:K4。

2．计算运货费总额。

(1) 在 H8 单元格中输入公式：=SUM(IF(($C$2:$C$160=G8)*($E$2:$E$160=$H$7),$B$2:$B$160))，然后按下 Ctrl+Shift+Enter 组合键。

(2) 在 I8 单元格中输入公式：=SUM(IF(($C$2:$C$160=G8)*($E$2:$E$160=$I$7),$B$2:$B$160))，然后按下 Ctrl+Shift+Enter 组合键。

(3) 在 J8 单元格中输入公式：=SUM(IF(($C$2:$C$160=G8)*($E$2:$E$160=$J$7),$B$2:$B$160))，然后按下 Ctrl+Shift+Enter 组合键。

(4) 在 K8 单元格中输入公式：=SUM(IF(($C$2:$C$160=G8)*($E$2:$E$160=$K$7),$B$2:$B$160))，然后按下 Ctrl+Shift+Enter 组合键。

(5) 选中单元格区域 H8:K8，拖放填充柄，将公式填充至 H9:K10。

想一想：怎样统计订单金额总计？

第 3 章　数据输入与数据透视表

实验 3.1　数据输入与编辑

【实验目的】
- 掌握输入文本型、数值型、日期时间型数据的方法。
- 掌握修改、删除数据和格式的方法。
- 学会如何导入外部数据。

【实验内容】

1. 在"实验 3.1.xlsx"工作簿中的工作表 Sheet1 的第 4 行输入个人基本信息，学号为"007"。

2. 用科学计数法在单元格 A5 中输入数值 2000。

3. 在单元格 B5 中输入分数 $\frac{1}{3}$，在单元格 C5 中输入分数 $1\frac{1}{3}$。

4. 修改刘晓波同学的基本信息，将姓名修改为"吴小波"，性别修改为"女"。

5. 将单元格 B5 和 C5 中的分数数据删除，删除 B3 单元格中的格式和 D3 单元格中的批注信息。

6. 将单元格 A1 到 F5 的数据移动到单元格 I1 开始的区域。

7. 将"脚本作业提交.txt"文本文件导入到单元格 A1 开始的区域。

【操作步骤】

1. 在 Excel 中打开"实验 3.1.xlsx"，然后在 A4 单元格中输入学号"007"，B4:F4 分别输入自己的姓名、性别、身高、出生日期和个人简历。

（1）在 A4 单元格中输入学号"007"时，需先输入一个西文单引号"'"，即应该在单元格中输入"'007"。

（2）在 E4 单元格中输入出生日期时，如果显示的是一个数值，则说明单元格格式设置不正确，需要在该单元格上右击，在弹出的快捷菜单上选择"设置单元格格式"命令，在"数字"选项卡里的分类栏中选择"日期"；或者如图 3-1 所示，直接在 Excel"开始"选项卡上的"数字"组中"数字格式"下拉列表中选择"日期"。

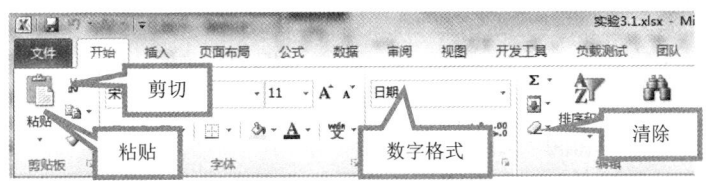

图 3-1 "开始"选项卡

2．在 A5 单元格中输入 2E3。

3．在 B5 单元格中输入"0□1/3"(□表示空格)；在 C5 单元格中输入"1□1/3"。

4．将刘晓波同学的姓名改成"吴小波"，性别改成"女"。

5．删除内容和格式。

(1) 将光标点移动到 B5 单元格上，然后按下 Delete 键删除单元格内容。用同样的方法删除 C5 单元格里的内容。

(2) 将光标移动到 B3 单元格，然后如图 3-1 所示，单击"开始"选项卡上的"编辑"组里的"清除"按钮，在下拉菜单中选择"清除格式"命令。

(3) 将光标移动到 D3 单元格，然后单击"开始"选项卡上的"编辑组"里的"清除"按钮，在下拉菜单中选择"清除批注"命令。

6．移动数据。

(1) 选中 A1:F5 区域。

(2) 如图 3-1 所示，单击"开始"选项卡上的"剪切"按钮，或按下 Ctrl+X 键。

(3) 将光标移动到 I1 单元格。

(4) 单击"开始"选项卡上的"粘贴"按钮，或按下 Ctrl + V 键。

7．导入外部文件。

(1) 单击"数据"选项卡里的"自文本"按钮。

(2) 选择"脚本作业提交.txt"文件。

(3) 在文本导入向导的第 1 步和第 2 步中都单击"下一步"按钮。

(4) 在第 3 步里将"学号"列设置为"文本"，"作业提交日期"列设置为"日期"，单击"完成"按钮。

(5) 在"导入数据"对话框里设置"位置"为现有工作表的 A1 单元格。

实验 3.2　数据填充

【实验目的】

- 掌握用填充来复制数据的方法。
- 掌握填充等差和等比数列的方法。
- 掌握填充序列和自定义序列的方法。

【实验内容】

1. 在"实验 3.2.xlsx"工作簿的工作表"Sheet1"中将专业名称"国际贸易"复制给所有学生。

2. 填充王小鸭和闵大川同学的学号分别为"007"和"008"。

3. H1:H7 单元格区域填充中文星期,I1:I7 单元格区域填充英文星期,J1:J7 单元格区域填充天干。

4. 从 K1 单元格开始填充 101~117、公差为 4 的等差数列。

5. 从 L1 单元格开始填充 100~6.25、公比为 0.5 的等比数列。

6. 从 M1:M5 单元格区域填充起始数值为 15、公比是 2 的等比数列。

7. 用同学姓名建立自定义序列,并从 N1 单元格开始进行填充。

【操作步骤】

1. 在 Excel 中打开"实验 3.2.xlsx",将光标移动到 F2 单元格,然后将光标指向 F2 单元格右下角的填充柄(黑色小方块)。当光标变成黑色十字时按住鼠标向下拖动,或者当光标变成黑色十字时双击也可以自动填充。

2. 选中 A2:A3 单元格区域,然后拖动填充柄向下填充,或双击填充柄进行填充。

3. 选中 H1 单元格向下填充。同样,选中 I1 和 J1 单元格向下填充。

4. 将光标移动到 K1 单元格,单击"开始"选项卡"编辑"组中的"填充"按钮,在下拉菜单中选中"系列"命令。在出现的如图 3-2 所示的序列对话框中选择"序列产生在"为"列","类型"为"等差序列","步长值"为 4,"终止值"为 117,然后单击"确定"按钮。

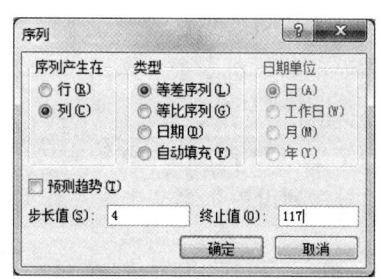

图 3-2 序列对话框

5. 和上题类似,将光标移动到 L1 单元格,在序列对话框中选择"序列产生在"为"列","类型"为"等比序列","步长值"为 0.5,"终止值"为 6.25,然后单击"确定"按钮。

6. 选中 M1:M5 单元格区域,在序列对话框中选择"序列产生在"为"列","类型"为"等比序列","步长值"为 2,然后单击"确定"按钮。

7. 在"文件"选项卡上单击"选项"命令,然后在"Excel 选项"对话框中选择左侧"高级",选择右侧"常规"区内的"自定义序列"。在"从单元格中导入序列"框内输入 B2:B5，单击"导入"按钮，单击"确定"按钮完成新序列的定义，如图 3-3 所示。选中 N1 单元格，然后向下进行填充。

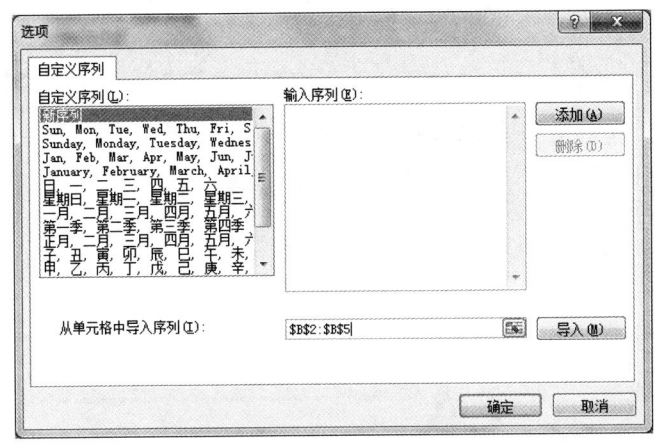

图 3-3　自定义序列

实验 3.3　数据有效性

【实验目的】
- 掌握设置数据有效性的方法。
- 掌握设置数据有效性信息提示和错误提示的方法。
- 掌握圈释无效数据的方法。
- 掌握设置输入列表的方法。

【实验内容】

1．在"实验 3.3.xlsx"工作簿的"工资单"工作表中设置公积金的有效性规则：公积金的缴纳应为应发工资的 10%～40%。

2．设置公积金单元格，使鼠标指向该单元格时出现提示信息："公积金的缴纳应为应发工资的 10%～40%。"

3．在"学生作业"工作表中设置成绩的有效性规则为：成绩必须在 0～100 之间，并设置错误提示为"成绩应在 0～100 之间。"

4．在"考试成绩"工作表中，在所有不及格的学生的成绩上画圈。

5．在"考试成绩"工作表中设置班级信息只能在"游戏设计 1251"、"游戏设计 1252"、"游戏设计 1253"和"动漫设计 1251"中选择。

【操作步骤】

1．在 Excel 中打开"实验 3.3.xlsx"，选择"工资单"工作表光标移动到公积金单元格 B14，单击"数据"选项卡上的"数据工具"组的"数据有效性"按钮。

在出现的如图 3-4 所示"数据有效性"对话框中选中有效性条件为允许"自定义",自定义公式为"=AND(B14>= B11*10%, B14<=B11*40%)"。然后在 B14 分别输入"500"、"1000"和"5000",观察效果。

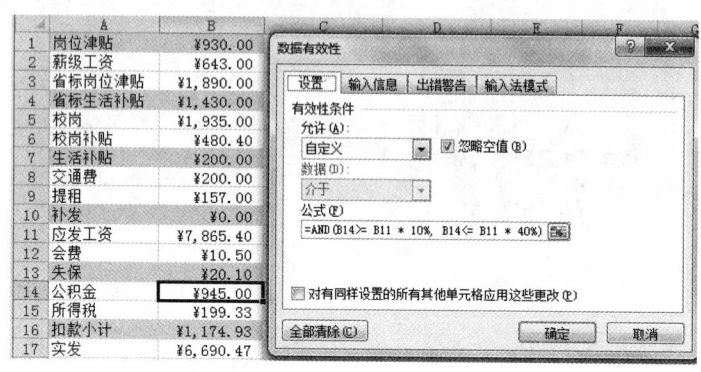

图 3-4 设置数据有效性

2. 选中 B14 单元格,在数据有效性对话框的"输入信息"选项卡上的"标题"栏中输入"公积金提示","输入信息"栏中输入"公积金的缴纳应为应发工资的 10%~40%。",然后单击"确定"按钮。

3. 在"学生作业"工作表中,选中 D2:D13 单元格。如图 3-5 所示,在"数据有效性"对话框的"设置"选项卡中设置允许"整数",数据"介于"最小值"0"和最大值"100"之间,并在"出错警告"选项卡上设置标题为"成绩输入范围",错误信息为"成绩应在 0~100 之间。"

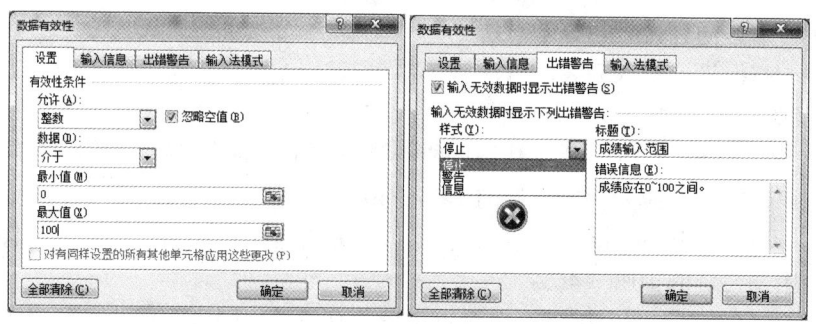

图 3-5 学生作业数据有效性和出错警告

(1) 样式为"停止",然后单击"确定"按钮。修改某同学成绩为 150,观察效果。

(2) 样式为"警告",然后单击"确定"按钮。修改某同学成绩为 150,观察效果。

(3) 样式为"信息",然后单击"确定"按钮。修改某同学成绩为 150,观察效果。

4. 在"考试成绩"工作表中，将 D2:D13 单元格的有效性规则设置为"大于等于 60"。单击"数据"选项卡上的"数据工具"组的"数据有效性"按钮的下拉箭头，在出现的选项中选择"圈释无效数据"命令。如果需要去除标识圈，可再选择"清除无效数据标识圈"命令。

5. 在"考试成绩"工作表中，将 A2:A13 中的班级名称删除，然后选中 A2:A13 单元格，在"数据有效性"对话框的"设置"选项卡上的"允许"框中选择"序列"，再在"来源"框中输入"游戏设计 1251,游戏设计 1252,游戏设计 1253,动漫设计 1251"，选项之间用西文的逗号(,)隔开。然后为学生输入班级名称。

实验 3.4　数据透视表（一）

【实验目的】
- 掌握利用本地数据源建立数据透视表的方法。
- 了解字段列表的布局和作用。
- 熟悉建立数据透视表的各种工具。

【实验内容】
利用"实验 3.4.xlsx"工作簿的工作表 Sheet1 中的学生信息，在工作表中建立如图 3-6 所示的统计各地区有多少党员、团员和群众的数据透视表。

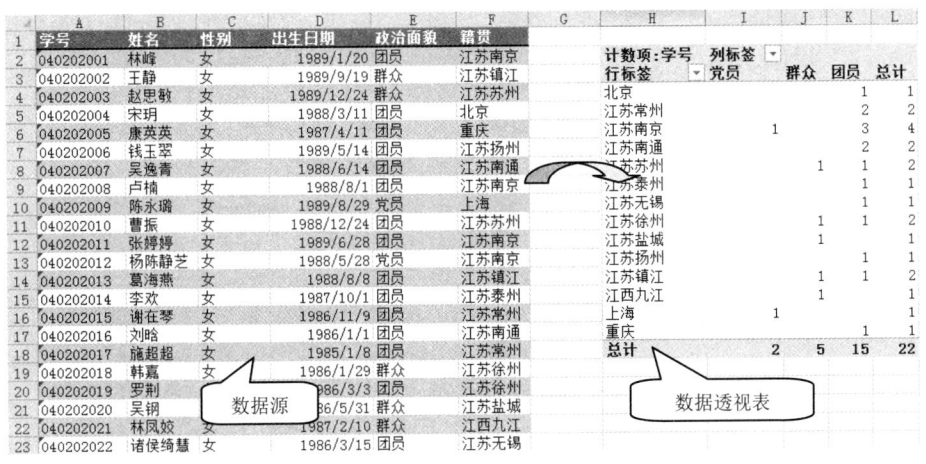

图 3-6　数据源和数据透视表

【操作步骤】
1. 将光标移动到数据清单中，如 A2 单元格中。
2. 如图 3-7 所示，选择"插入"选项卡上的"表格"组中的"数据透视表"命令。

3. 在如图 3-8 所示的"创建数据透视表"对话框中的"表/区域"文本框中输入数据源的范围，如 A1:F23。如果原来光标就是处在数据源区域内，则在该文本框中会自动输入数据源的范围。

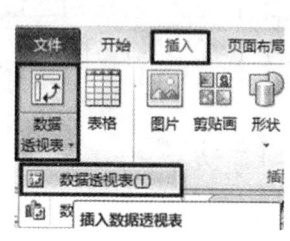

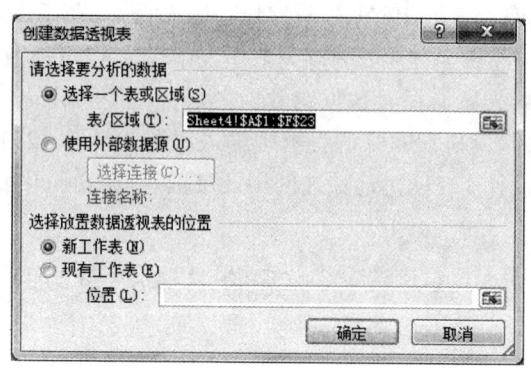

图 3-7 插入数据透视表　　　　图 3-8 "创建数据透视表"对话框

4. 在如图 3-8 所示的"创建数据透视表"对话框中选择"现有工作表"，在"位置"框中输入"H2"。

5. 单击"确定"按钮，出现一个空的数据透视表和如图 3-9 所示的"数据透视表字段列表"对话框。然后用鼠标将"籍贯"字段拖动到"行标签"中，将"政治面貌"字段拖动到"列标签"中，再将"学号"字段拖动到"数值"中，如图 3-6 所示的数据透视表就创建好了。

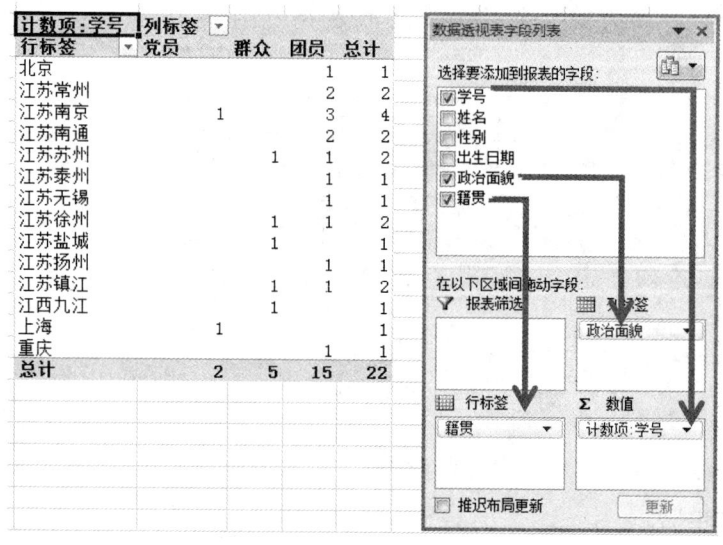

图 3-9 设计数据透视表

实验 3.5 数据透视表(二)

【实验目的】

- 掌握利用外部数据源创建数据透视表的方法。
- 掌握分组的方法。
- 掌握筛选的方法。
- 掌握值汇总的各种方式。
- 掌握值显示的各种方式。

【实验内容】

以 Northwind 数据库中的查询“发货单”为数据源，在不导入数据的情况下，生成如图 3-10 所示的数据透视表。

年	1997年	
季度	(全部)	
产品分类	订单数	订单数百分比
⊟热销产品		
白米	33	17.74%
苏澳奶酪	31	16.67%
鸭肉	31	16.67%
温馨奶酪	26	13.98%
花奶酪	21	11.29%
汽水	19	10.22%
⊟滞销产品		
肉松	6	3.23%
玉米片	5	2.69%
味精	4	2.15%
鸡	4	2.15%
牛肉干	4	2.15%
干贝	2	1.08%

图 3-10 数据透视表

1．可按年和季度(来自“订购日期”字段)进行筛选。

2．只显示热销产品(按全部年份合计，订单数>=50)和滞销产品(按全部年份合计，订单数<10)的订单数量和占全部数量的百分比。

3．不显示含行、列的总计。

【操作步骤】

1．在 Excel 中打开“实验 3.5.xlsx”，然后单击“插入”选项卡上的“表格”组中的“数据透视表”按钮，在出现的如图 3-11 所示的“创建数据透视表”对话框中选择“使用外部数据源”，然后单击“选择连接”按钮。

2．在如图 3-11 所示的“现有连接”对话框中单击“浏览更多”按钮，找到 Northwind 数据库。在出现的“选择表格”对话框中会显示数据库中所有的表格和视图，在其中选择“发货单”视图。然后单击“确定”按钮。

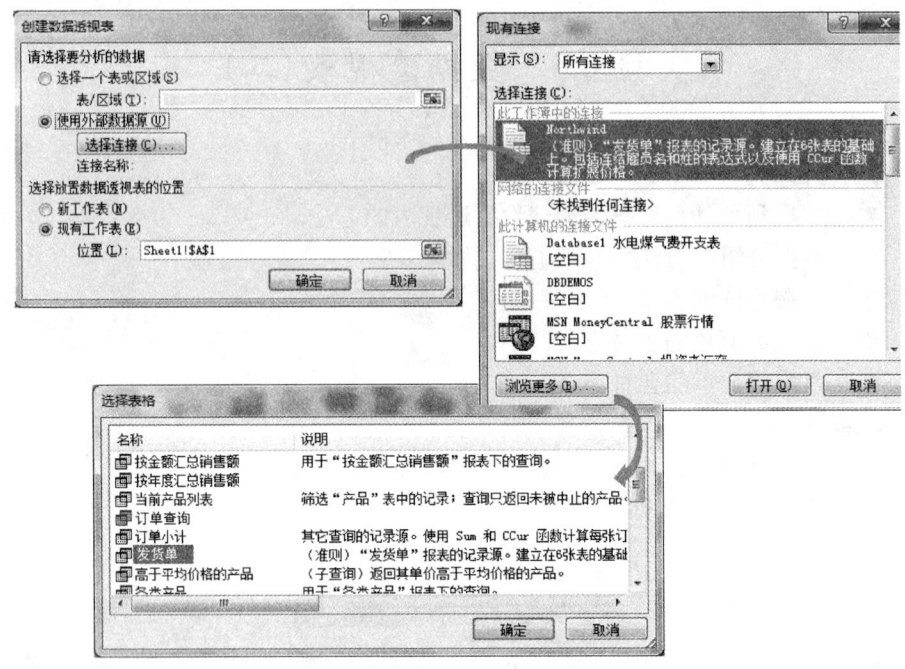

图 3-11　从外部数据源获取数据

3．在"字段列表"对话框中，将"订购日期"字段拖动到"行标签"。数据透视表中会出现的大量日期，在其上右击，选中"创建组"命令。然后在出现的如图 3-12 所示的"分组"对话框中选择"季度"和"年"。单击"确定"按钮后，行标签里会出现"年"和"订购日期"两项。用鼠标依次将它们拖动到"报表筛选"中。

4．将"产品名称"字段拖动到行标签，"订单 ID"字段拖动到数值区域。单击数值区域中的"求和项：订单 ID"右侧的黑色小三角，在弹出的菜单中选择"值字段设置"。然后在"值字段设置"对话框中的"值汇总方式"选项卡内选择"计数"，如图 3-13 所示。

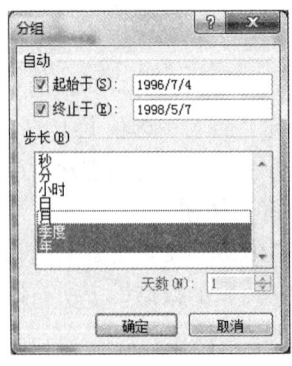
图 3-12　"分组"对话框

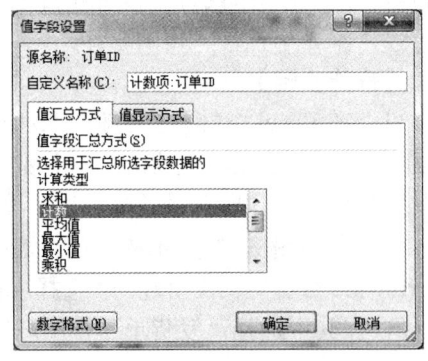
图 3-13　值汇总方式

5. 将光标单击到数据透视表中的第二列, 即"计数项: 订单 ID"列中, 单击"数据透视表工具"中"选项"选项卡内"排序和筛选"组中的"降序"按钮 Z↓, 产品名称按订单数自动降序排列。

6. 如图 3-14 所示, 选择订单数>=10 并且订单数<50 的所有产品(即从山楂片到矿泉水), 右击, 选择"筛选"中的"隐藏所选项目"。这时只剩下了订单数>=50 和订单数<10 的产品名称。

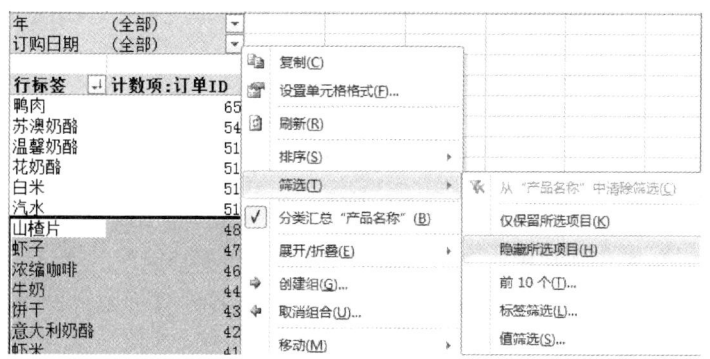

图 3-14　筛选

7. 选中订单数>=50 的产品名称(即从鸭肉到汽水), 右击选择"创建组"命令; 然后用 Ctrl 键或 Shift 键选择剩下的产品名称, 再创建一分组。

8. 在如图 3-15 所示的分好组的数据透视表中, 单击"数据组 1", 在公式栏中改成"热销产品"; 同样, 将"数据组 2"改名为"滞销产品"。

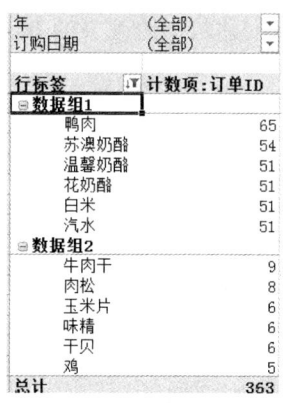

图 3-15　分组

9. 再一次将"字段列表"中的"订单 ID"字段拖动到"数值"区域, 并将"值汇总方式"改为计数。然后在如图 3-16 所示的"值显示方式"选项卡中设置为"全部汇总百分比"。

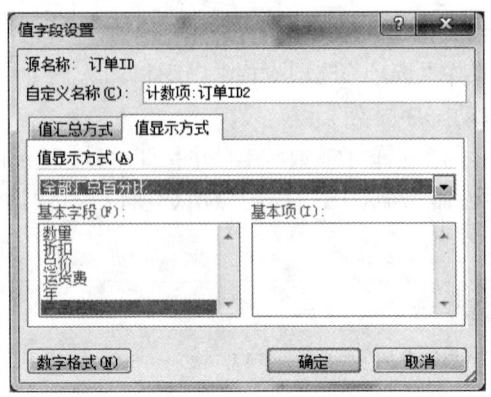

图 3-16 值显示方式

10. 将光标在数据透视表中单击,在"数据透视表工具"中的"设计"选项卡内的"布局"组中,单击"总计",选择"对行和列禁用"。

11. 对照图 3-10,修改数据透视表内的一些标签内容,如将"计数项:订单ID"修改为"订单数"。

12. 将"年"设置为"1997 年"。

实验 3.6　数据透视表(三)

【实验目的】
- 掌握利用外部数据源创建数据透视表的方法。
- 掌握分组的方法。
- 掌握筛选的方法。
- 掌握值汇总的各种方式。
- 掌握值显示的各种方式。

【实验内容】
以 Northwind 数据库中的查询"发货单"为数据源,在不导入数据的情况下,在工作表中生成如图 3-17 所示的数据透视表。

1. 可统计显示员工(来自"销售人"字段)在各地区(来自"货主地区"字段)各年份(来自"订购日期"字段)的订单数量(来自"订单 ID"字段)占同列的百分比。其中按全部年份统计,金牌销售员的销售总额(来自"总价"字段)>=200000,优秀销售员的销售总额>=100000 并且销售总额< 200000,普通销售员的销售总额<100000。

2. 含行总计,不含列总计。

计数项:订单ID	地区							
销售员分类	东北	华北	华东	华南	华中	西北	西南	总计
⊟ 优秀销售员								
1996年	15.73%	5.62%	8.97%	8.73%	40.00%	0.00%	13.36%	8.53%
1997年	23.03%	25.77%	21.10%	12.23%	0.00%	0.00%	20.74%	22.02%
1998年	14.61%	14.98%	13.12%	37.12%	0.00%	55.56%	14.29%	17.01%
⊟ 金牌销售员								
1996年	8.99%	7.38%	7.97%	2.18%	0.00%	0.00%	1.84%	6.49%
1997年	21.35%	19.27%	17.94%	6.11%	0.00%	0.00%	29.49%	18.50%
1998年	7.30%	8.70%	9.63%	16.59%	0.00%	27.78%	2.76%	9.23%
⊟ 普通销售员								
1996年	3.37%	3.74%	2.99%	3.49%	60.00%	0.00%	5.53%	3.76%
1997年	5.06%	7.82%	12.96%	5.24%	0.00%	0.00%	6.91%	8.58%
1998年	0.56%	6.72%	5.32%	8.30%	0.00%	16.67%	5.07%	5.89%

图 3-17　实验 3.6 结果图

【操作步骤】

1．在 Excel 中打开"实验 3.6.xlsx"，然后以 Northwind 数据库为数据源创建数据透视表（具体参见实验 3.5 操作步骤 1 和 2）。

2．在"数据透视表字段列表"对话框中，将"订购日期"字段拖动到行标签。数据透视表中会出现的大量日期，在其上右击，选中"创建组"命令。然后在出现的如图 3-12 所示的分组对话框中选择"年"。单击"确定"按钮后，用鼠标将行标签中的"订购日期"拖动到"报表筛选"中，并将标签改为"年份"。

3．将"销售人"字段拖动到行标签中，再将"总价"字段拖动到数值区域，然后在数据透视表中对总价进行排序。

4．在数据透视表中选中总价合计小于 100000 的销售员，然后进行分组，同时将标签改为"普通销售员"。同样将总价合计大于 200000 的销售员分组成"金牌销售员"，将在 100000～200000 的分组成"优秀销售员"（具体参见实验 3.5 操作步骤 7）。

5．行标签里有"销售人"字段和新字段"销售人 2"字段。将"销售人"字段拖出删除。分组结果如图 3-18 所示。

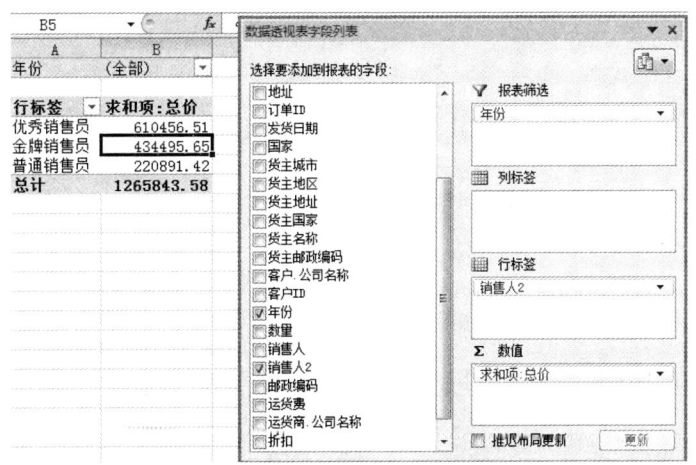

图 3-18　按总价求和项分组

6. 将"求和项：总价"从数值区域拖出，因为在这个实验里显示的是订单数量而不是总价，前面使用"总价"字段是为了分组。将"订单 ID"字段拖入数值区域，再将"货主地区"拖入列标签。

7. 在数值区域，将"值汇总方式"改为计数（具体参见实验 3.5 操作步骤 4），将"值显示方式"设置为"列汇总的百分比"（具体参见实验 3.5 操作步骤 9）。

8. 将光标放到数据透视表中，在"数据透视表工具"的"设计"选项卡上的"布局"组中，单击"总计"按钮，选择"仅对行启用"命令。

9. 如图 3-19 所示，将"年份"字段从报表筛选拖动到行标签。

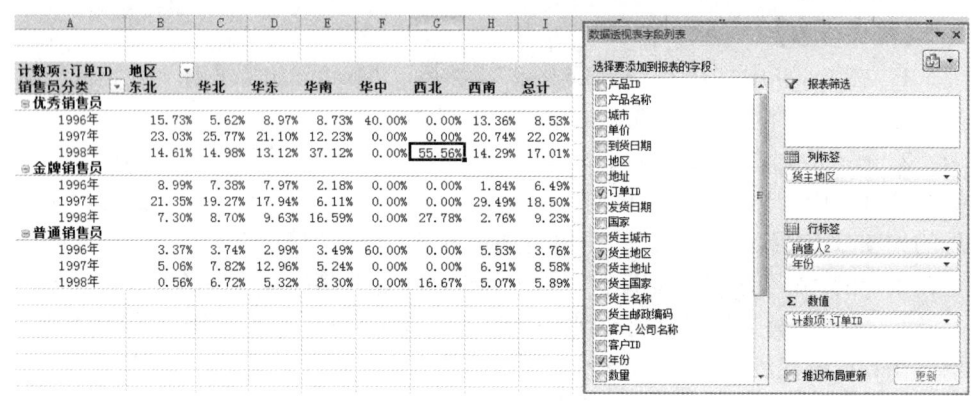

图 3-19　重新放置年份字段

10. 对照图 3-17，修改数据透视表内的一些标签内容。

第4章　数据管理与数据分析工具

实验4.1　数据清单与排序

【实验目的】
- 理解数据清单的概念。
- 掌握设置或取消表格样式的方法。
- 熟练掌握各种关键字的排序方法。

【实验内容】
1. 设置与清除表格样式。
(1) 设置"实验4.1 数据清单与排序"工作表中数据清单A1:I24的样式为"表样式浅色20"。
(2) 清除数据清单A1:I24的表格样式。
(3) 将表格转换为普通单元格区域。
2. 对数据清单A1:I24进行排序。
(1) 主要关键字"班级",排序次序为自定义序列"一班,二班,三班"。
(2) 次要关键字"性别",降序次序。
(3) 第三关键字"姓名",升序次序。

【操作步骤】
1. 设置与清除表格样式。
(1) 在"实验4.1 数据清单与排序"工作表中,将光标定位于数据清单A1:I24中,在"开始"选项卡中单击"样式"组的"套用表格格式"按钮,在弹出的列表中单击"浅色"组的"表样式浅色20"项(图4-1),在"套用表格式"对话框(图4-2)中单击"确定"按钮,系统自动打开"表格工具/设计"选项卡,数据清单转换为带有样式的表格(图4-3)。

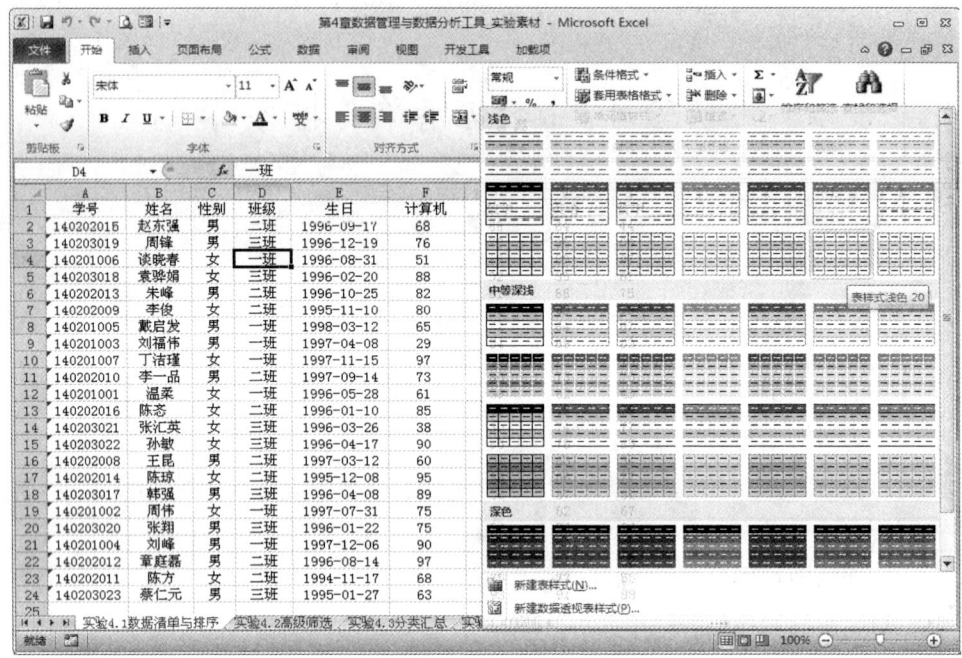

图 4-1 套用表格样式

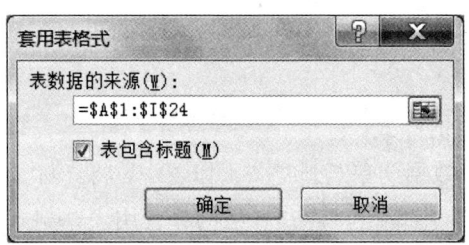

图 4-2 "套用表格式"对话框

(2)选中表格中的任一单元格,单击"表格工具/设计"选项卡中"表格样式"组右侧的"其他"按钮,在表格样式列表中单击"清除"命令(图 4-4),清除样式后的表格如图 4-5 所示。

第 4 章　数据管理与数据分析工具

学号	姓名	性别	班级	生日	计算机	数学	英语	哲学
140202015	赵东强	男	二班	1996-09-17	68	88	64	44
140203019	周锋	男	三班	1996-12-19	76	72	96	60
140201006	谈晓春	女	一班	1996-08-31	51	86	89	97
140203018	袁骅娟	女	三班	1996-02-20	88	92	39	61
140202013	朱峰	男	二班	1996-10-25	82	61	88	75
140202009	李俊	女	二班	1995-11-10	80	62	92	99
140201005	戴启发	男	一班	1998-03-12	65	82	64	67
140201003	刘福怀	男	一班	1997-04-08	29	54	69	69
140201007	丁洁瑾	女	一班	1997-11-15	97	51	82	45
140202010	李一品	男	二班	1997-09-14	73	80	73	70
140201001	温柔	女	一班	1996-05-28	61	39	82	45
140202016	陈态	女	二班	1996-01-10	85	89	43	79
140203021	张汇英	女	三班	1996-03-26	38	80	74	77
140203022	孙敏	女	三班	1996-04-17	90	85	78	85
140202008	王昆	男	二班	1997-03-12	60	52	63	84
140202014	陈琼	女	二班	1995-12-08	95	86	66	77
140203017	郝强	男	三班	1996-04-08	89	53	87	81
140201002	周怖	男	一班	1997-07-31	75	84	82	67
140203020	张翔	男	三班	1996-01-22	75	33	76	78
140201004	刘峰	男	一班	1997-12-06	90	36	90	63
140202012	章庭磊	男	二班	1996-08-14	97	61	81	63
140202011	陈方	女	二班	1994-11-17	68	75	77	55
140203023	蔡仁元	男	三班	1995-01-27	63	93	91	88

图 4-3　套用样式的表格

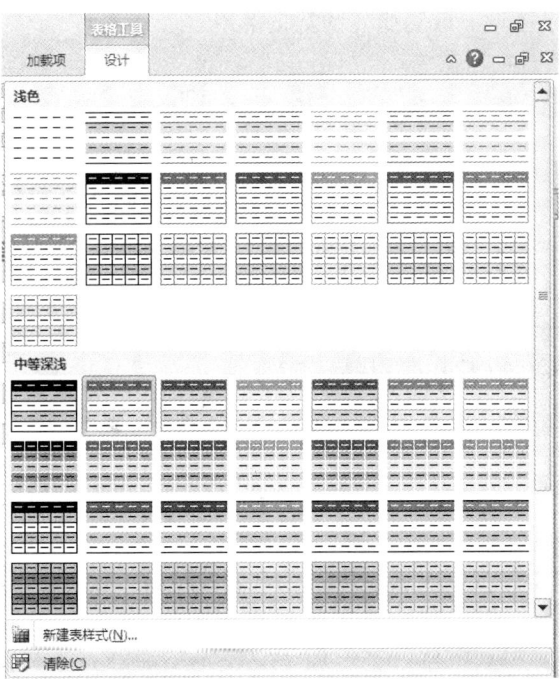

图 4-4　清除表格样式

图 4-5 清除样式后的表格

（3）选中表格中的任一单元格，单击"表格工具/设计"选项卡"工具"组中的"转换为区域"按钮（图 4-6），在提示信息框（图 4-7）中单击"是"按钮，表格转换为普通单元格区域，成为原先的数据清单。

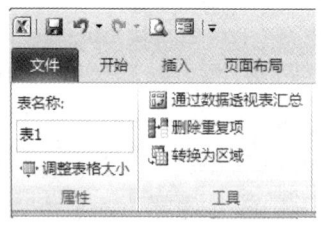
图 4-6 转换为区域

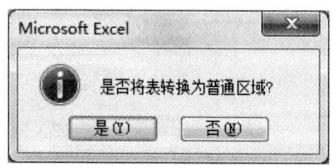
图 4-7 是否转换为普通区域信息框

2．对数据清单 A1:I24 进行排序。

（1）将当前光标置于数据清单中，切换至"数据"选项卡，在"排序和筛选"组中单击"排序"按钮。

（2）在"排序"对话框（图 4-8）中，选择"主要关键字"为"班级"，选择"次序"为"自定义序列"。

（3）在"自定义序列"对话框中，在"输入序列"列表框中依次输入"一班""二班""三班"，单击"添加"按钮后，结果如图 4-9 所示。

图 4-8 "排序"对话框

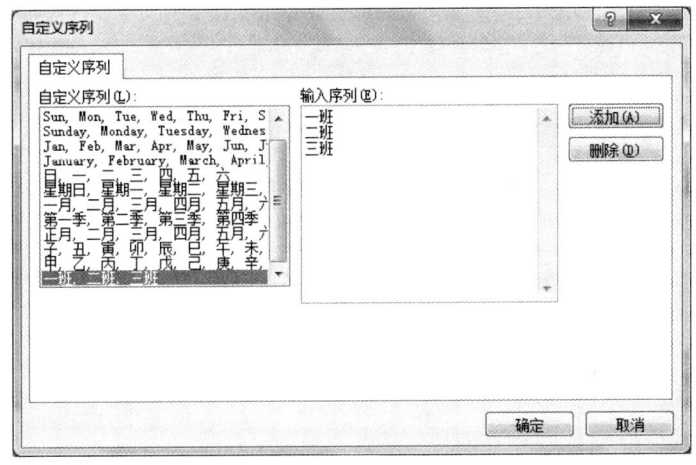

图 4-9 "自定义序列"对话框

(4) 单击"自定义序列"对话框中的"确定"按钮,在"排序"对话框(图 4-8)中单击"添加条件"按钮,"次要关键字"选择"性别","次序"选择"降序"。

(5) 再次单击"添加条件"按钮,"次要关键字"选择"姓名","次序"选择"升序",排序对话框如图 4-10 所示,单击"确定"按钮,排序结果如图 4-11 所示。

图 4-10 多关键字排序

	A	B	C	D	E	F	G	H	I
1	学号	姓名	性别	班级	生日	计算机	数学	英语	哲学
2	140201007	丁洁瑾	女	一班	1997-11-15	97	51	82	45
3	140201006	谈晓春	女	一班	1996-08-31	51	86	89	97
4	140201001	温柔	女	一班	1996-05-28	61	39	82	45
5	140201002	周伟	女	一班	1997-07-31	75	84	82	67
6	140201005	戴启发	男	一班	1998-03-12	65	82	64	67
7	140201004	刘峰	男	一班	1997-12-06	90	36	90	63
8	140201003	刘福伟	男	一班	1997-04-08	29	54	69	69
9	140202011	陈方	女	二班	1994-11-11	68	75	77	55
10	140202016	陈忞	女	二班	1996-01-10	85	89	43	79
11	140202014	陈琼	女	二班	1995-12-08	95	86	66	77
12	140202009	李俊	男	二班	1995-11-10	80	62	92	99
13	140202010	李一品	男	二班	1997-09-14	73	80	73	70
14	140202008	王昆	男	二班	1997-03-12	60	52	63	84
15	140202012	韦庭磊	男	二班	1996-08-14	97	61	81	63
16	140202015	赵东强	男	二班	1996-09-17	68	88	64	44
17	140202013	朱峰	男	二班	1996-10-25	82	61	88	75
18	140203022	孙敏	女	三班	1996-04-17	90	85	78	85
19	140203018	袁骅娟	女	三班	1996-02-20	88	92	39	61
20	140203021	张汇英	女	三班	1996-03-26	38	80	74	77
21	140203023	蔡仁元	男	三班	1995-11-27	63	93	91	88
22	140203017	韩强	男	三班	1996-04-08	89	53	87	81
23	140203020	张翔	男	三班	1996-01-22	75	33	76	78
24	140203019	周锋	男	三班	1996-12-19	76	72	96	60

图 4-11　排序结果

实验 4.2　高级筛选

【实验目的】
- 学会筛选条件的设计方法。
- 掌握高级筛选的操作方法。

【实验内容】

1．设计筛选条件。

在"实验 4.2 高级筛选"工作表的条件区域 A40:D42 中设置条件，从数据清单 A1:G37 中筛选出"城北"销售部全年所售单价大于等于 3000 的"电冰箱"记录以及"城南"销售部第 3 季度销售"电冰箱"的记录。

2．执行高级筛选，保存筛选结果。

将筛选结果保存在以 A45 开始的单元格区域。

【操作步骤】

1．设计筛选条件。

在"实验 4.2 高级筛选"工作表的单元格区域 A40:D42 中设置筛选条件，如图 4-12 所示，对应条件表达式：(销售部="城北" and 产品="电冰箱" and 单价>=3000)or (销售部="城南" and 季度=3 and 产品="电冰箱")。

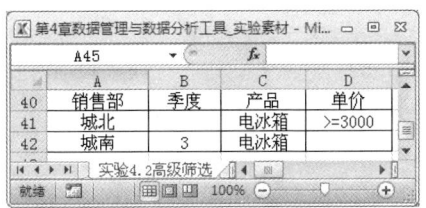

图 4-12 筛选条件

2．执行高级筛选，保存筛选结果。

(1)将光标置于数据清单 A1:G37 中，单击"数据"选项卡，在"排序和筛选"组中单击"高级"按钮。

(2)在"高级筛选"对话框(图 4-13)中，选中筛选方式中的"将筛选结果复制到其他位置"单选按钮，列表区域为"$A$1:$G$37"，条件区域为"$A$40:$D$42"，复制到"实验 4.2 高级筛选!$A$45"，单击"确定"按钮，筛选结果如图 4-14 所示。

图 4-13 "高级筛选"对话框

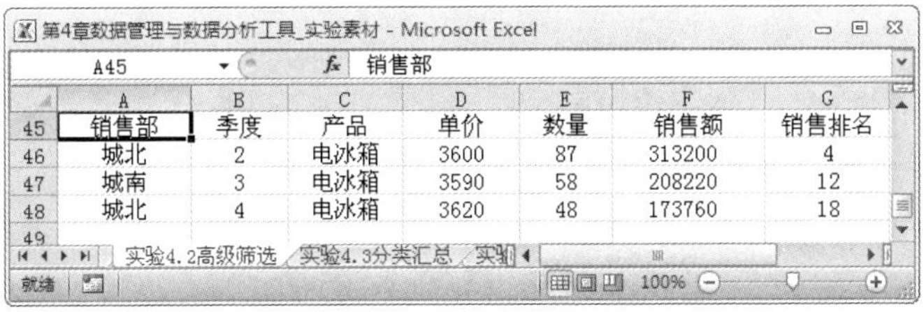

图 4-14 高级筛选出的记录

实验 4.3 分类汇总

【实验目的】

- 了解分类汇总的原理，理解分类汇总前排序的必要性。

- 熟悉分类汇总的操作过程。
- 掌握复制分类汇总结果的方法。

【实验内容】

1. 创建分类汇总。

对"实验 4.3 分类汇总"工作表中的数据清单 A1:G36 按照"产品类别"进行分类汇总，汇总方式为"平均值"、汇总项为"售价"和"利润"，汇总结果显示在数据下方。

2. 复制分类汇总的结果。

将汇总结果中的"产品类别""平均售价""平均利润"数据复制到以 A50 开始的单元格区域。

【操作步骤】

1. 创建分类汇总。

(1) 按分类字段排序。

在"实验 4.3 分类汇总"工作表中，将光标置于数据清单 A1:G36 中的"产品类别"列(A 列)，单击"数据"选项卡"排序和筛选"组中的"降序"按钮。

(2) 按分类字段汇总。

数据清单按照"产品类别"进行排序后，单击"数据"选项卡"分级显示"组中的"分类汇总"按钮。在如图 4-15 所示的"分类汇总"对话框中，"分类字段"选择"产品类别"，"汇总方式"默认选择"平均值"，在"选定汇总项"列表框中选中"售价"和"利润"复选框，单击"确定"按钮，分类汇总结果如图 4-16 所示。

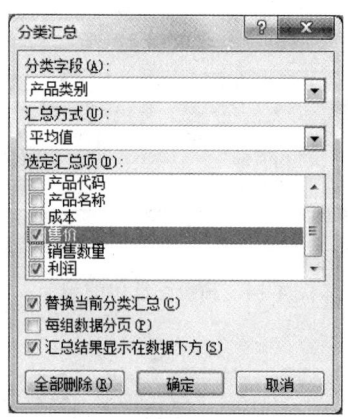

图 4-15 "分类汇总"对话框

	A	B	C	D	E	F	G
1	产品类别	产品代码	产品名称	成本	售价	销售数量	利润
2	饮料	NWTB-43	柳橙汁	10.00	30.00	25	500
3	饮料	NWTB-81	绿茶	4.00	20.00	100	1600
4	饮料	NWTB-1	苹果汁	5.00	30.00	10	250
5	饮料	NWTB-87	茶	15.00	100.00	20	1700
6	饮料	NWTB-34	啤酒	10.00	30.00	15	300
7	**饮料 平均值**				42.00		870
8	调味品	NWTS-8	胡椒粉	15.00	35.00	10	200
9	调味品	NWTO-5	麻油	12.00	40.00	10	280
10	调味品	NWTS-65	海苔酱	8.00	30.00	10	220
11	调味品	NWTCO-4	盐	3.00	5.00	10	20
12	调味品	NWTCO-77	辣椒粉	3.00	18.00	15	225
13	调味品	NWTS-66	肉松	20.00	35.00	20	300
14	调味品	NWTCO-3	蕃茄酱	14.00	20.00	25	150
15	**调味品 平均值**				26.14		199.2857
16	水果和蔬菜罐头	NWTCFV-92	绿豆	0.50	3.00	10	25
17	水果和蔬菜罐头	NWTCFV-91	樱桃饼	1.00	5.00	10	40
18	水果和蔬菜罐头	NWTCFV-17	猪肉	2.00	9.00	10	70
19	水果和蔬菜罐头	NWTCFV-93	玉米	0.50	4.00	10	35
20	水果和蔬菜罐头	NWTCFV-90	菠萝	1.00	5.00	10	40
21	水果和蔬菜罐头	NWTCFV-88	梨	1.00	5.00	10	40
22	水果和蔬菜罐头	NWTCFV-94	豌豆	0.50	4.00	10	35
23	水果和蔬菜罐头	NWTCFV-89	桃	1.00	5.00	10	40
24	**水果和蔬菜罐头 平均值**				5.00		40.625
25	肉罐头	NWTCM-96	熏鲑鱼	1.50	6.00	30	135
26	肉罐头	NWTCM-95	金枪鱼	0.50	3.00	30	75
27	肉罐头	NWTCM-40	虾米	8.00	35.00	30	810
28	**肉罐头 平均值**				14.67		340
29	谷类	NWTC-82	辣谷物	1.00	5.00	50	200
30	谷类	NWTG-52	三合一麦片	12.00	30.00	25	450
31	谷类	NWTC-82	麦片	1.00	5.00	20	80
32	**谷类 平均值**				13.33		243.3333
33	干果和坚果	NWTDFN-51	猪肉干	15.00	40.00	10	250
34	干果和坚果	NWTDFN-7	海鲜粉	20.00	40.00	10	200
35	干果和坚果	NWTDFN-74	鸡精	8.00	15.00	5	35
36	干果和坚果	NWTDFN-14	沙茶	12.00	30.00	10	180
37	干果和坚果	NWTDFN-80	葡萄干	2.00	10.00	50	400
38	**干果和坚果 平均值**				27.00		213
39	焙烤食品	NWTBGM-86	蛋糕	12.00	35.00	10	230
40	焙烤食品	NWTBGM-85	果仁巧克力	10.00	30.00	10	200

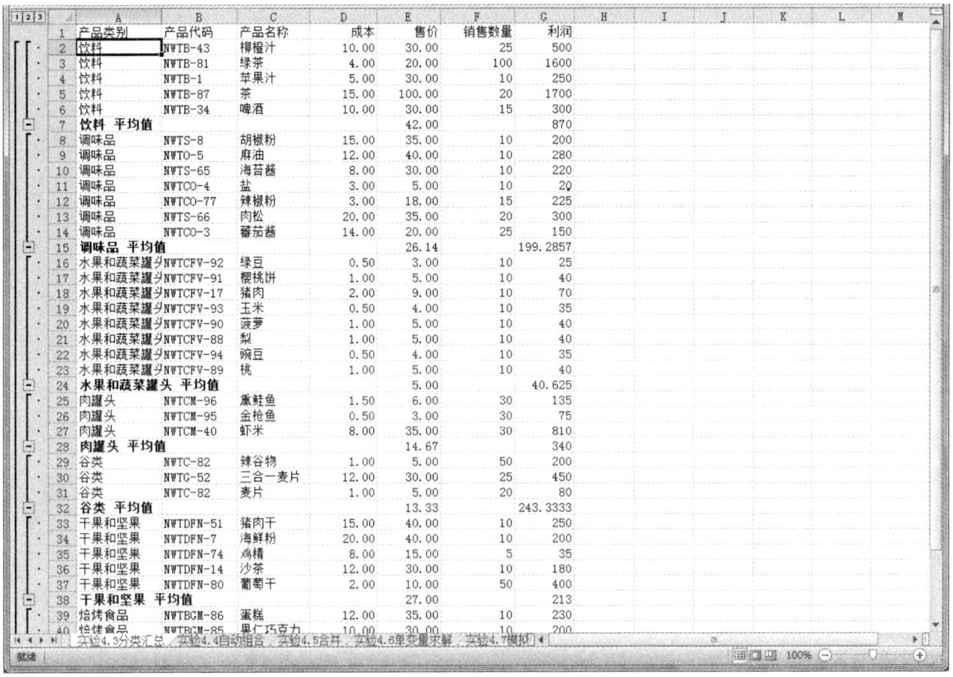

图 4-16　产品表按“产品类别”分类汇总

2. 复制分类汇总的结果。

(1) 单击左上角的级别按钮“2”，将分类汇总的结果折叠到第 2 层(如图 4-17 所示)。

	A	B	C	D	E	F	G
1	产品类别	产品代码	产品名称	成本	售价	销售数量	利润
7	**饮料 平均值**				42.00		870
15	**调味品 平均值**				26.14		199.2857
24	**水果和蔬菜罐头 平均值**				5.00		40.625
28	**肉罐头 平均值**				14.67		340
32	**谷类 平均值**				13.33		243.3333
38	**干果和坚果 平均值**				27.00		213
43	**焙烤食品 平均值**				36.25		176.25
44	**总计平均值**				22.77		274
45							

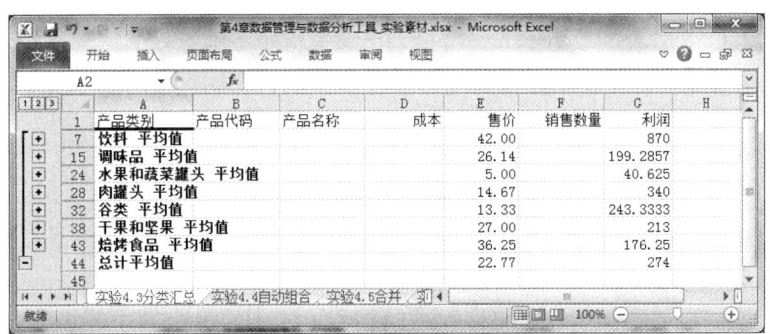

图 4-17　折叠后的产品表分类汇总

(2) 选中单元格区域 A1:G43，按“Alt+;”组合键，以选择其中的可见单元格。

(3) 按 Ctrl+C 组合键进行复制，选中目标位置 A50 单元格，按 Enter 键进行粘贴，结果如图 4-18 所示。

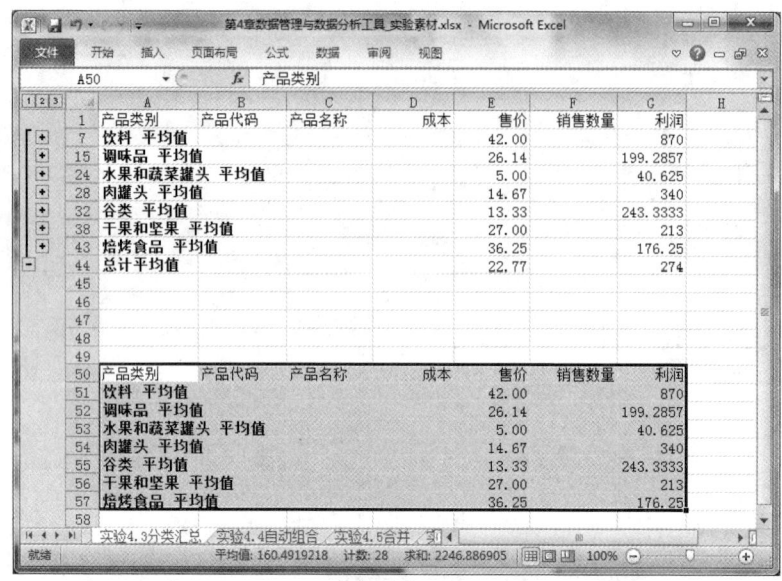

图 4-18 复制分类汇总结果

(4) 利用 Ctrl 键，同时选中单元格区域 B50:D57 和 F50:F57，单击"开始"选项卡"单元格"组中的"删除"按钮，删除相关单元格区域。

(5) 选中单元格区域 A51:A57，单击"开始"选项卡"编辑"组中的"查找和选择"按钮，执行"替换"命令，弹出"查找和替换"对话框（图 4-19），在"查找内容"文本框中输入"平均值"，"替换为"文本框中不输入任何内容，单击"全部替换"命令按钮，即可将单元格区域 A51:A57 中所包含的"平均值"删除。

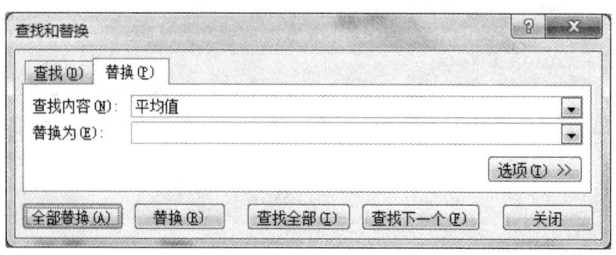

图 4-19 "查找和替换"对话框

(6) 分别将单元格 B50 和 C50 的内容修改为"平均售价""平均利润"，最终结果如图 4-20 所示。

第 4 章　数据管理与数据分析工具

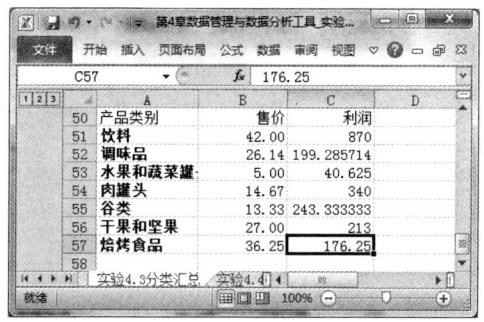

图 4-20　分类统计结果

实验 4.4　自　动　组　合

【实验目的】
- 理解组合的基本概念，了解两种组合方法的区别。
- 学习自动组合的操作方法。
- 学习复制自动组合的结果。

【实验内容】

1．插入空行，输入统计公式。

(1) 在"实验 4.4 自动组合"工作表的每类车间下方插入空行。

(2) 在空行中输入统计公式，汇总各车间的"基本工资""岗位津贴"……"实发工资"。

2．自动建立分级显示。

3．复制组合结果。

(1) 折叠分级显示的结果。

(2) 将各车间总的"应发工资"和"实发工资"数据复制到以 A25 开始的单元格区域。

【操作步骤】

1．插入空行，输入统计公式。

(1) 在"实验 4.4 自动组合"工作表中，选中第 6 行，右击，选择快捷菜单中的"插入"命令。

(2) 将 A6:C6 合并，输入"一车间"，在 D6 单元格中输入公式：=SUM(D2:D5)，拖动填充柄，将公式复制到 E6 至 K6。

重复上述操作，在二车间后插入空行，分别在二车间和三车间后的空行中输入求和公式，分别设置三行的填充颜色为"蓝色，强调文字颜色 1，淡色 60%"，结果如图 4-21 所示。

	A	B	C	D	E	F	G	H	I	J	K
1	员工编号	姓名	部门	基本工资	岗位津贴	补助	扣发	加班	应发工资	个人所得税	实发工资
2	BH101	祁亚梅	一车间	4001	1880	800	364	0	6317	316	6001
3	BH102	陈萌萌	一车间	4092	2540	700	37	558	7853	393	7460
4	BH103	宋明珠	一车间	4028	2050	700	183	366	6961	348	6613
5	BH104	张玉萍	一车间	4066	2250	700	0	185	7201	360	6841
6			一车间	16187	8720	2900	584	1109	28332	1417	26915
7	BH201	孙曼	二车间	4042	2000	500	184	184	6542	327	6215
8	BH202	朱国云	二车间	4037	1780	500	220	0	6097	305	5792
9	BH203	林云	二车间	4064	2390	500	0	185	7139	357	6782
10	BH204	于琴琴	二车间	3412	1960	500	155	0	5717	286	5431
11	BH205	顾玲玲	二车间	3402	2130	500	0	155	6187	309	5878
12	BH206	叶晶	二车间	3448	2280	500	31	157	6354	318	6036
13			二车间	22405	12540	3000	590	681	38036	1902	36134
14	BH301	何婷	三车间	9050	2000	500	823	411	11138	1114	10024
15	BH302	金茹	三车间	5532	1890	500	50	251	8123	406	7717
16	BH303	施敏	三车间	5178	2200	500	0	235	8113	406	7707
17	BH304	王云霞	三车间	5301	1670	500	96	0	7375	369	7006
18	BH305	罗烨	三车间	3689	2330	500	0	168	6687	334	6353
19	BH306	黄云	三车间	4061	2000	350	258	185	6338	317	6021
20	BH307	李芹	三车间	4005	2140	350	0	0	6495	325	6170
21	BH308	李倩	三车间	4055	1760	350	0	0	6165	308	5857
22			三车间	40871	15990	3550	1227	1250	60434	3579	56855

图 4-21 插入行

2．自动建立分级显示。

在"数据"选项卡中，单击"分级显示"组中的"创建组"按钮下方的下拉按钮，在下拉菜单中选择"自动建立分级显示"命令，如图 4-22 所示，分级显示结果如图 4-23 所示。

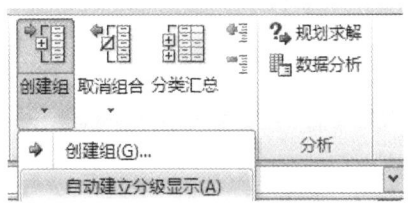

图 4-22 创建组按钮

由于"应发工资"和"实发工资"是由其前面的字段通过公式计算得出的，加上插入的空行中对垂直方向的字段进行了求和统计，因此，系统对表的水平与垂直方向均进行了自动组合。

3．复制组合结果。

(1) 单击水平方向的级别按钮"1"和垂直方向的级别按钮"2"，折叠后的结果如图 4-24 所示。

(2) 选中 A1:K22 单元格区域，按 F5 功能键，弹出"定位"对话框（图 4-25），单击"定位条件"按钮，在打开的"定位条件"对话框（图 4-26）中，选中"可见单元格"单选按钮，单击"确定"按钮。

图 4-23 分级显示结果

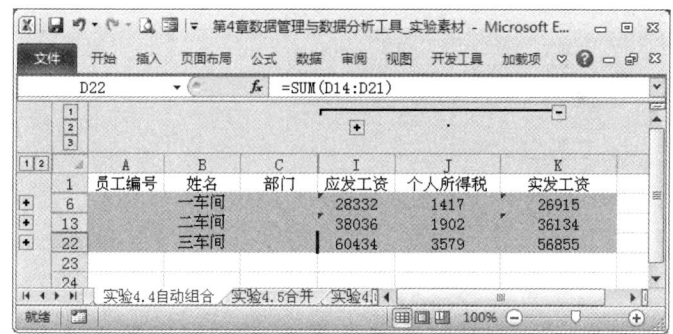

图 4-24 折叠分级显示结果

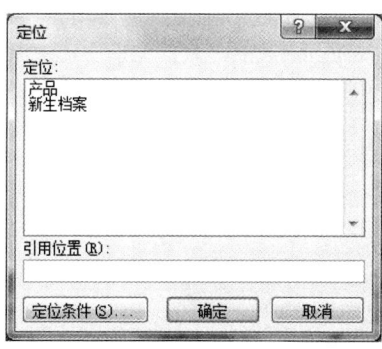

图 4-25 "定位"对话框

Excel 在经济统计与分析中的应用实验指导书

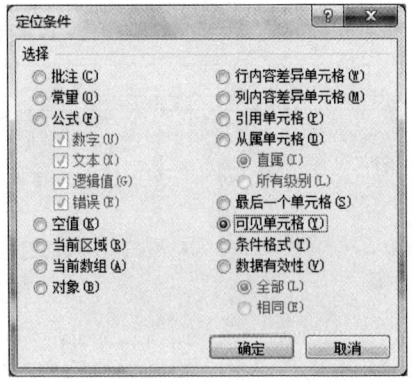

图 4-26 "定位条件"对话框

(3) 按 Ctrl+C 组合键复制,单击 A25 单元格,再按 Ctrl+V 组合键粘贴,结果如图 4-27 所示。

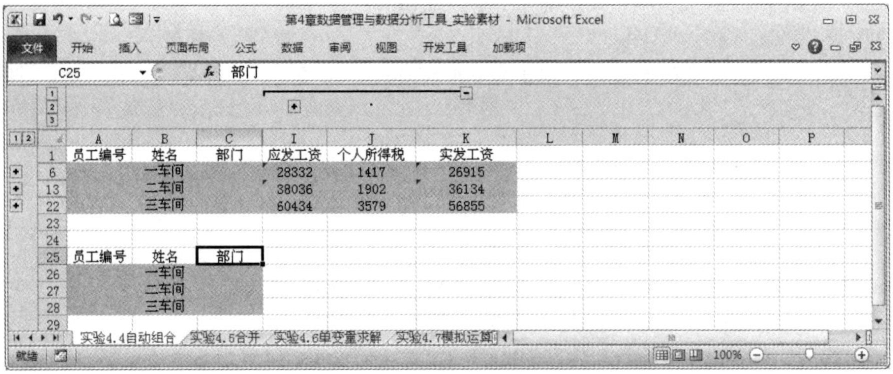

图 4-27 复制可见单元格

(4) 单击垂直方向的级别按钮"3",展开所有列,如图 4-28 所示。

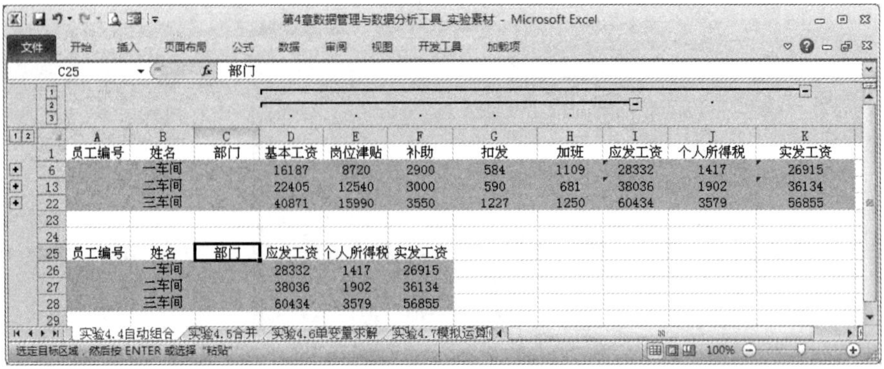

图 4-28 展开所有列

(5) 选中 A26:C28 单元格区域,单击"开始"选项卡上"对齐方式"组中的"合并后居中"按钮,取消单元格合并后将 A26:A28 的内容移动到 C26:C28,删除 A25:B25 单元格中的内容,删除单元格区域 E25:E28,右侧单元格左移,设置相关单元格格式后,结果如图 4-29 所示。

图 4-29　组合统计结果

实验 4.5　合 并 计 算

【实验目的】
● 了解合并数据的基本方法。
● 学习相同结构工作表的数据合并统计方法。

【实验内容】

1. 设计主工作表的结构。

已知供应商 1 月、2 月、3 月的销售统计表如图 4-30～图 4-32 所示,设计存储合并数据的主工作表的结构如图 4-33 所示。

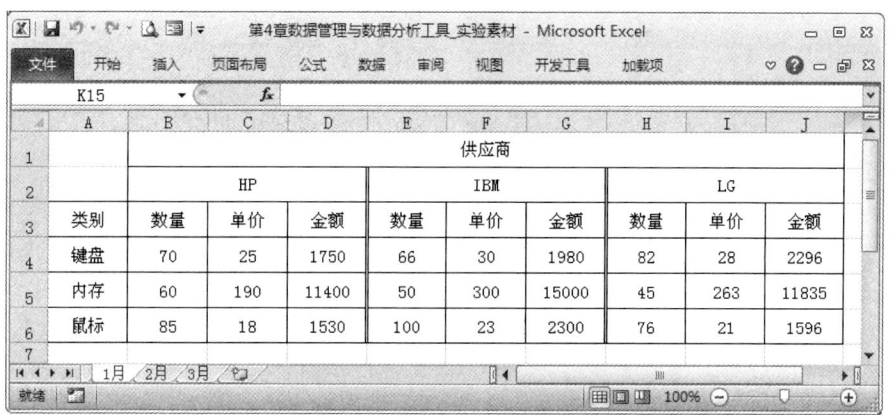

图 4-30　供应商 1 月份销售表

Excel 在经济统计与分析中的应用实验指导书

	供应商								
	HP			IBM			LG		
类别	数量	单价	金额	数量	单价	金额	数量	单价	金额
键盘	63	27	1701	59	33	1947	73	30	2190
内存	54	209	11286	45	330	14850	40	289	11560
鼠标	76	19	1444	90	25	2250	68	23	1564

图 4-31　供应商 2 月份销售表

	供应商								
	HP			IBM			LG		
类别	数量	单价	金额	数量	单价	金额	数量	单价	金额
键盘	81	26	2106	90	37	3330	86	29	2494
内存	63	199	12537	52	315	16380	47	276	12972
鼠标	89	18	1602	105	24	2520	79	22	1738

图 4-32　供应商 3 月份销售表

图 4-33　主工作表结构

2. 在主工作表中合并供应商第一季度的销售数据。

(1)求各类商品所售"数量""金额"的总和。

(2)求各类商品的平均单价。

3．将主工作表中所有的"单价"改为"均价"。

【操作步骤】

1．设计主工作表的结构。

(1)将"1月"工作表中的 A1:J6 单元格区域的内容复制到主工作表"实验 4.5 合并"中。

(2)删除 B4:J6 单元格区域中的内容，调整行高等格式。

2．在主工作表中合并供应商第一季度的销售数据。

(1)选中"实验 4.5 合并"工作表中的 A4:J6 单元格区域，在"数据"选项卡中，单击"数据工具"组中的"合并计算"命令，弹出"合并计算"对话框如图 4-34 所示。在"引用位置"文本框中，选中"1月"工作表中的 A4:J6 单元格区域，单击"添加"按钮。

(2)单击"2月"工作表的标签，"引用位置"文本框的内容自动变为"2月"工作表中相同位置的单元格区域，单击"添加"按钮。

(3)单击"3月"工作表的标签，单击"添加"按钮。"标签位置"选中"最左列"复选框，如图 4-34 所示，单击"确定"按钮，合并结果如图 4-35 所示。

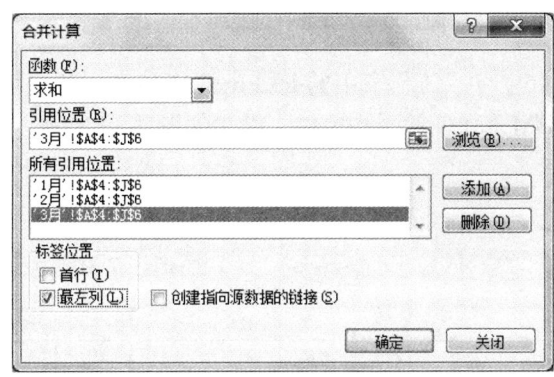

图 4-34 "合并计算"对话框(1)

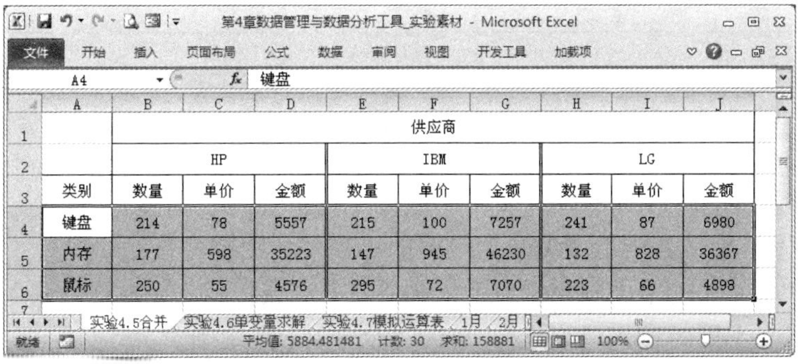

图 4-35 合并结果

(4)选中"实验4.5合并"工作表中的C3:C6单元格区域,单击"数据"选项卡"数据工具"组中的"合并计算"命令,在"合并计算"对话框中,首先选中"所有引用位置"列表框中的列表项,单击"删除"按钮,逐一删除已有引用位置,然后再"添加"新的引用位置:"1月""2月""3月"工作表中的C3:C6单元格区域,"函数"选择"平均值","标签位置"选中"首行"且不选中"最左列"复选框,如图4-36所示,单击"确定"按钮。

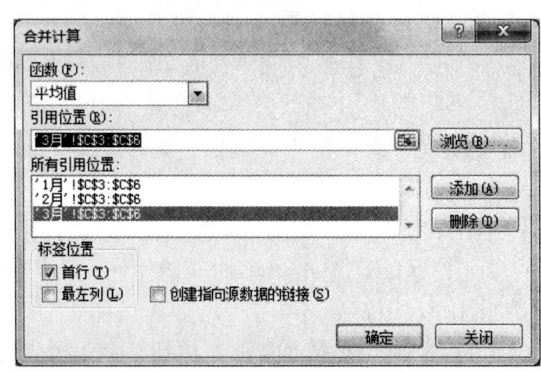

图4-36 "合并计算"对话框(2)

(5)对"实验4.5合并"工作表中的F3:F6和I3:I6单元格区域分别执行上述操作,计算供应商IBM和LG的平均单价,结果如图4-37所示。

	A	B	C	D	E	F	G	H	I	J
1		供应商								
2			HP			IBM			LG	
3	类别	数量	单价	金额	数量	单价	金额	数量	单价	金额
4	键盘	214	26	5557	215	33.33333	7257	241	29	6980
5	内存	177	199.3333	35223	147	315	46230	132	276	36367
6	鼠标	250	18.33333	4576	295	24	7070	223	22	4898

图4-37 单价的平均值

3. 将主工作表中所有的"单价"改为"均价"。

单击"开始"选项卡"编辑"组中的"查找和选择"按钮,执行"替换"命令,弹出"查找和替换"对话框(图4-38),在"查找内容"文本框中输入"单价","替换为"文本框中输入"均价",单击"全部替换"按钮。

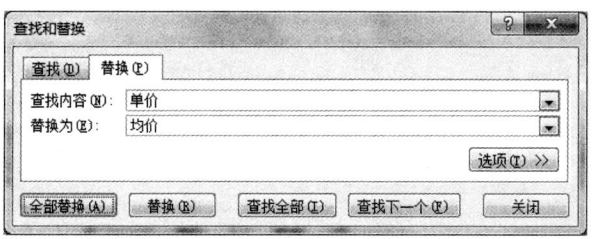

图 4-38 "查找和替换"对话框

实验 4.6　单变量求解

【实验目的】
- 了解单变量求解工具的应用范围。
- 学会使用单变量求解工具求解非线性方程。

【实验内容】
1．设计非线性方程 $2x^3+x^2+x=5$。
2．求方程的近似解。

【操作步骤】
1．设计非线性方程 $2x^3+x^2+x=5$。

在"实验 4.6 单变量求解"工作表的 B4 单元格中构建以 B3 单元格为自变量的函数关系式，输入公式：=2*B3^3+B3^2+B3，如图 4-39 所示。

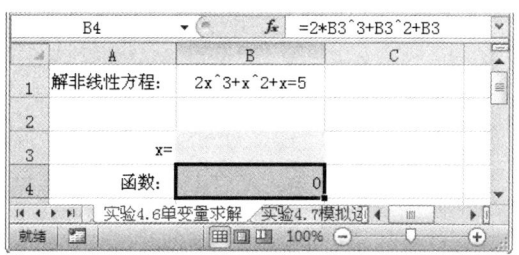

图 4-39　构建函数

2．求方程的近似解。

（1）单击"数据"选项卡中的"模拟分析"按钮，执行列表中的"单变量求解"命令。

（2）在"单变量求解"对话框（图 4-40）中，设置"目标单元格"为 B4，"目标值"为 5，"可变单元格"为$B$3，单击"确定"按钮。

（3）在"单变量求解状态"对话框（图 4-41）中，单击"确定"按钮，结果如图 4-42 所示，方程的近似解为 1.102619152。

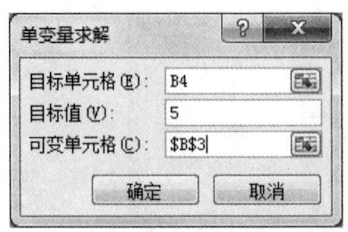
图 4-40 "单变量求解"对话框

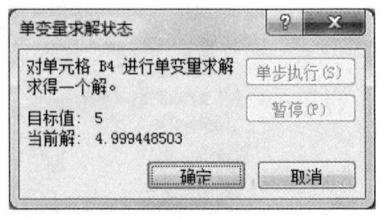
图 4-41 "单变量求解状态"对话框

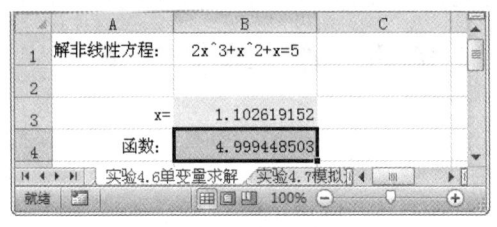
图 4-42 方程的近似解

实验 4.7 模拟运算表

【实验目的】
- 了解单变量模拟运算表和双变量模拟运算表的结构。
- 熟练掌握单。
- 掌握变量模拟运算表的用法。
- 熟练掌握双变量模拟运算表的用法。

【实验内容】
1. 统计不同省市的人数。
(1) 计算来自"江苏"的学生人数。
(2) 利用模拟运算表计算各省市的学生人数。
2. 统计各民族的男女生人数。
(1) 计算"汉族"的男生人数和女生人数。
(2) 利用模拟运算表计算各民族的男生人数和女生人数。
3. 统计不同省市各民族的学生人数。
(1) 计算来自"北京"的"汉族"学生人数。
(2) 利用模拟运算表计算各省市各民族的人数。

第 4 章　数据管理与数据分析工具

【操作步骤】

1．统计不同省市的人数。

(1) 在"实验 4.7 模拟运算表"工作表的 K4 单元格中输入数组公式：=SUM(IF(LEFT(G2:G151,2)=J4,1,0))，按 Ctrl+Shift+Enter 组合键执行。

(2) 在 J7 单元格中输入：=K4，引用 K4 单元格中的数组公式。

(3) 选中 J6:P7 单元格区域，在"数据"选项卡"数据工具"组中单击"模拟分析"按钮，选择"模拟运算表"命令。

(4) 在"模拟运算表"对话框(图 4-43)中，单击"输入引用行的单元格"文本框，选择 J4 单元格，单击"确定"按钮，统计结果如图 4-44 所示。

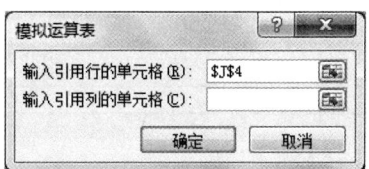

图 4-43　"模拟运算表"对话框(1)

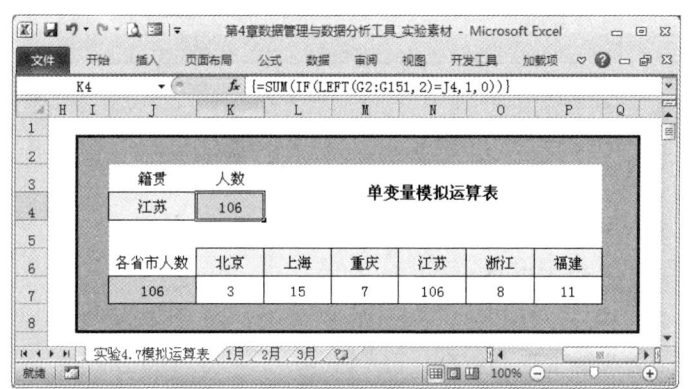

图 4-44　单变量模拟运算表结果

2．统计各民族的男女生人数。

(1) 在 O14、O15 单元格中分别输入并执行数组公式：

   O14=SUM(IF((F2:F151=O13)*(C2:C151="男"),1,0))

   O15=SUM(IF((F2:F151=O13)*(C2:C151="女"),1,0))

(2) 在 K12 单元格中输入：=O14，引用 O14 单元格中的数组公式。

(3) 在 L12 单元格中输入：=O15，引用 O15 单元格中的数组公式。

(4) 选中 J12:L16 单元格区域，选择"数据"选项卡"数据工具"组"模拟分析"列表中的"模拟运算表"命令，在"模拟运算表"对话框(图 4-45)中，单击

"输入引用列的单元格"文本框,选择 O13 单元格,单击"确定"按钮,统计结果如图 4-46 所示。

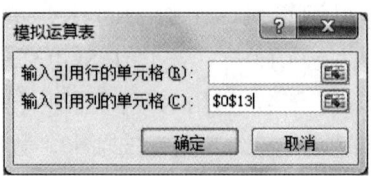

图 4-45 "模拟运算表"对话框(2)

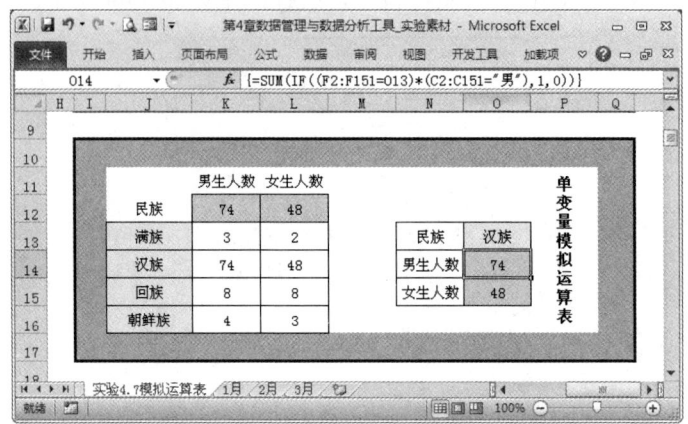

图 4-46 单变量多函数模拟运算表结果

3. 统计不同省市各民族的学生人数。

(1) 在 L21 单元格中输入公式:

L21=SUM(IF((LEFT(G2:G151,2)=K21)*(F2:F151=J21),1,0))

(2) 在 J23 单元格中输入公式:=L21。

(3) 选中 J23:P27 单元格区域,选择"数据"选项卡"数据工具"组"模拟分析"列表中的"模拟运算表"命令,在"模拟运算表"对话框(图 4-47)中,单击"输入引用行的单元格"文本框,选择 K21 单元格,单击"输入引用列的单元格"文本框,选择 J21 单元格,单击"确定"按钮,统计结果如图 4-48 所示。

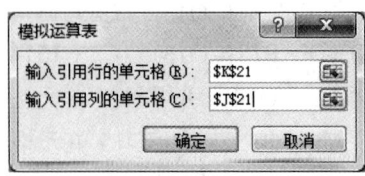

图 4-47 "模拟运算表"对话框(3)

第 4 章 数据管理与数据分析工具

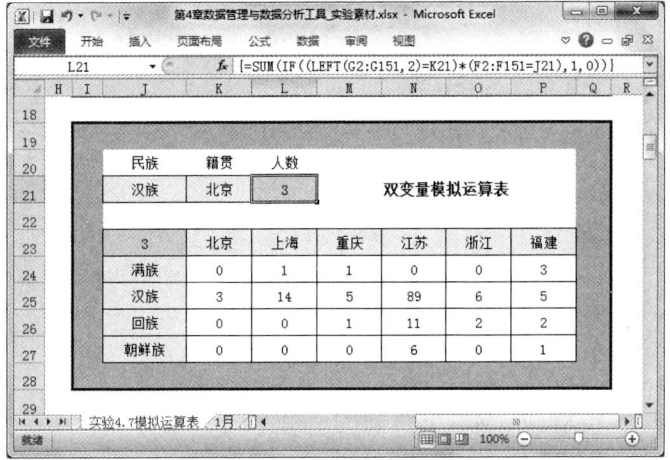

图 4-48 双变量模拟运算表结果

第 5 章 图 表

实验 5.1　制作各地区销售订单饼图

【实验目的】
- 掌握数组公式的书写。
- 掌握 INDEX、SUM、IF 函数的使用方法。
- 掌握饼图的创建。
- 了解如何隐藏饼图中的"0-数据项"。
- 掌握饼图的格式设置方法。

【实验内容】
1. 如图 5-1 中记录了不同地区的订单情况(数据来源于 Northwind.accdb)。对 B 列产品名称做筛选，制作产品清单，罗列出所有出现过的产品名称，每种名称只需记录一次，将结果记录在 G2:G13 单元格区域中。

图 5-1　订单表

2. 对 D 列货主地区做筛选，制作地区名称清单，罗列出所有出现过的货主地区，每个地区只需记录一次，将结果记录在 K4:K10 单元格区域中。

3. 制作一个组合框控件，用以显示所有的货主地区，并将用户在组合框中选择的结果反馈至 K2 单元格。同时在 K1 单元格内同步显示用户选择的货主地区名称。

4. 结合组合框中选择的结果，利用数组公式、SUM 函数和 IF 函数，统计各地区订购不同饮料的订单数量，并将统计结果记录在 H2:H13 单元格区域中。

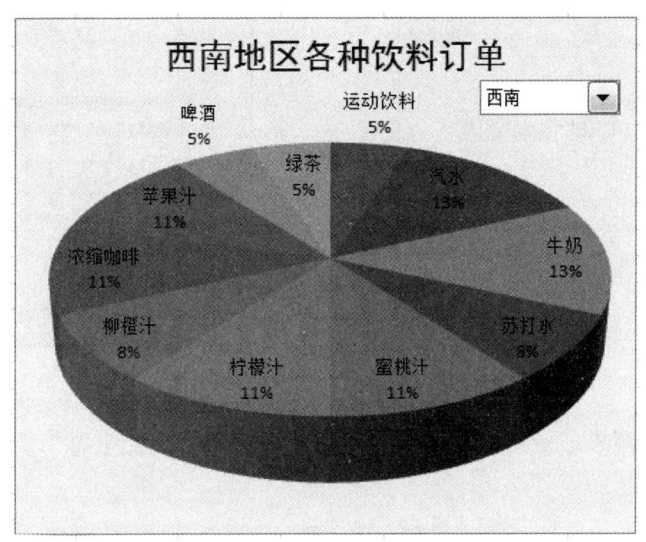

图 5-2 销售订单饼图

5．根据 G1:H13 单元格区域中的数据，创建一个如图 5-2 的三维饼图。

(1)隐藏图例。

(2)利用文本框控件添加图表标题，并设置为 18 号、黑体，标题中显示的地区名称可以随组合框的选择而发生变化。

(3)设置图表的背景色为"茶色，背景 2"。

(4)添加数据标签，并且在标签中显示百分比、类别名称，不显示引导线。

(5)如果饼图的数据源中包含"0-数据项"，通过格式设置，自动隐藏该项的数据标签。

【操作步骤】

1．数据筛选。

(1)制作产品名称清单。

单击"数据"选项卡"排序和筛选"组中的"高级"按钮，弹出如图 5-3 的"高级筛选"对话框。

将对话框中的"方式"选择为"将筛选结果复制到其他位置"，将"列表区域"设置为 B1:B406 单元格区域，"复制到"设置为 G1 单元格，同时选中"选择不重复的记录"复选框，最后单击"确定"按钮。

(2)制作货主地区清单。

同步骤(1)打开"高级筛选"对话框。

如图 5-4 所示，将对话框中的"方式"选择为"将筛选结果复制到其他位置"，将"列表区域"设置为 D1:D406 单元格区域，"复制到"设置为 K3 单元格，同时选中"选择不重复的记录"复选框，最后单击"确定"按钮。

图 5-3 筛选产品名称　　　　　　图 5-4 筛选货主地区

通过以上两步,就可以制作出如图 5-5 所示的"产品名称"清单和"货主地区"清单。

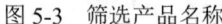

图 5-5 筛选结果

2．制作组合框控件。

(1)创建控件。

单击"开发工具"选项卡"控件"组中"插入"按钮,选择"表单控件"中组合框控件,在工作表空白区域拖拽出一个组合框。右击该组合框,在弹出的快捷菜单中,选择"设置控件格式"命令,打开"设置控件格式"对话框。

如图 5-6 所示,将组合框的"数据源区域"设置为 K4:K10,"单元格链接"设置为 K2,单击"确定"按钮。

(2)同步显示组合框的选择结果。

选中 K1 单元格,利用 INDEX 函数在编辑栏中编写公式:

$$K1=INDEX(K4:K10,K2)$$

即可在 K1 单元格中同步显示用户在组合框中选中的货主地区名称。

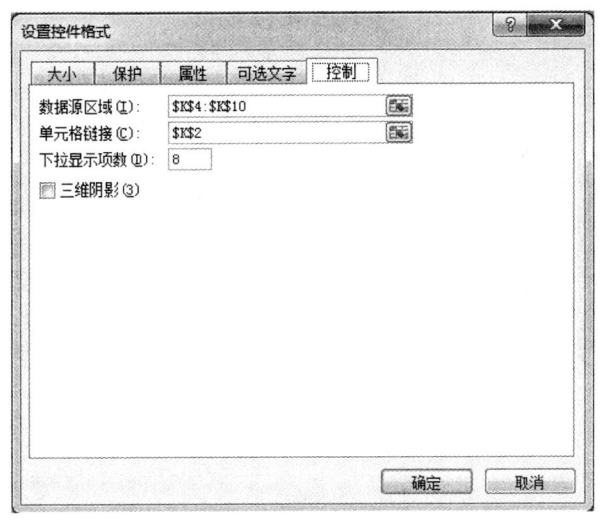

图 5-6　组合框格式设置

3．订单数统计。

在 H2:H13 中输入公式，计算各类饮料发往用户通过组合框指定地区的订单数。选中 H2 单元格，利用数组公式、SUM 和 IF 函数在编辑栏中编写公式：

{=SUM(IF(($B$2:$B$406=G2)*($D$2:$D$406=$K$1),1))}

利用 Excel 的自动填充功能，将光标停留在 H2 单元格右下角，呈现实心十字时，将该公式拖拽填充至 H3:H13 单元格区域(如图 5-7 所示)。

4．创建饼图。

选中 G1:H13 单元格区域，单击"插入"选项卡"图表"组中的"饼图"按钮，选择"三维饼图"，即可创建出如图 5-8 所示的饼图。

	G	H
1	产品名称	订单数
2	运动饮料	2
3	汽水	5
4	牛奶	5
5	苏打水	3
6	蜜桃汁	4
7	柠檬汁	4
8	柳橙汁	3
9	浓缩咖啡	4
10	矿泉水	0
11	苹果汁	4
12	啤酒	2
13	绿茶	2

图 5-7　西南地区订单情况

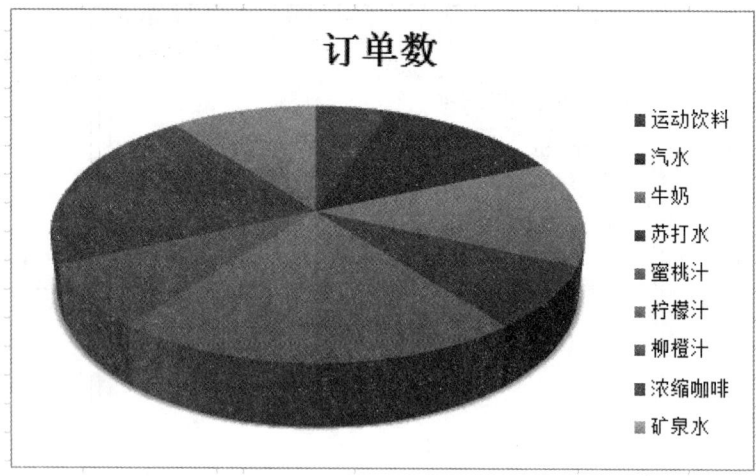

图 5-8 初始饼图

5．设置饼图格式。

(1)隐藏图例。

单击图例，选中整个图例，按 Delete 键，删除整个图例。或者选中饼图，激活"图表工具"选项卡，单击"布局"子选项卡"标签"组中"图例"按钮，在下拉菜单中选择"无"，也可以取消显示图例。

(2)添加动态图表标题。

首先，删除原标题。选中系统自动生成的标题，按 Delete 键删除。

然后，在 M2 单元格中利用公式编辑一个可以随组合框的操作而动态变化的标题内容，可以参考如下公式：

M2=K1 & "地区各种饮料订单情况"

最后，单击"插入"选项卡"插图"组中"形状"按钮，选择"文本框"，在饼图顶端拖拽出合适的大小。在选中该文本框的情况下，在编辑栏中输入公式：=M2。选中文本框，在"开始"选项卡下，将标题设置为黑体、18 号字体。

(3)设置图表背景色。

右击图表区，在弹出的快捷菜单中，选择"设置图表区域格式"命令，打开"图表区格式"对话框。选择左侧"填充"选项，在右侧选择"纯色填充"，并在下方的"填充颜色"中打开"颜色"的下拉列表，选择第一排第三个"主题颜色"，即"茶色，背景 2"(如图 5-9 所示)。

(4)添加数据标签。

右击饼图(也就是代表数据的各个扇区)的任一位置，在弹出的快捷菜单中，选择"添加数据标签"命令。右击任意一个数据标签，在快捷菜单中，选择"设置数据标签格式"命令，打开"设置数据标签格式"对话框。

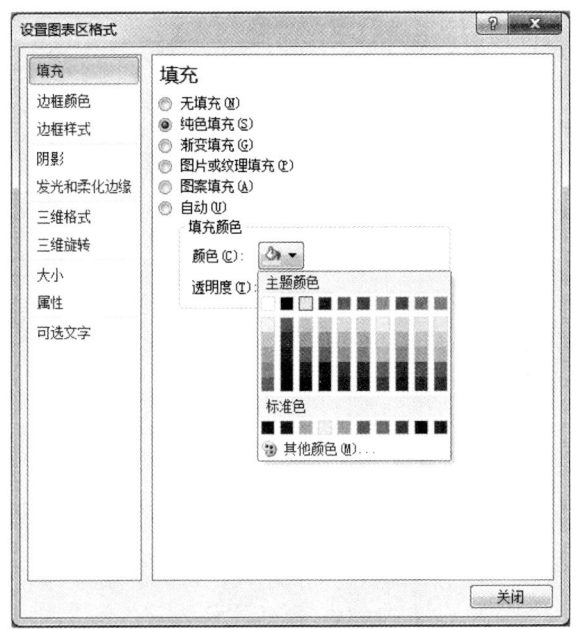

图 5-9　设置图表区背景色

如图 5-10 所示，单击左侧的"标签选项"，在右侧"标签包括"中选择"类别名称""百分比"，取消勾选"显示引导线"复选框。

图 5-10　数据标签格式

6. 隐藏"0-数据项"的标签。

(1) 隐藏数字成分。

在上一步打开的"设置数据标签格式"对话框中，选择左侧的"数字"选项，在其右侧"类别"中选择"自定义"，并在下方的"格式代码"中输入"0%;;;"，单击"添加"按钮（如图 5-11 所示）。

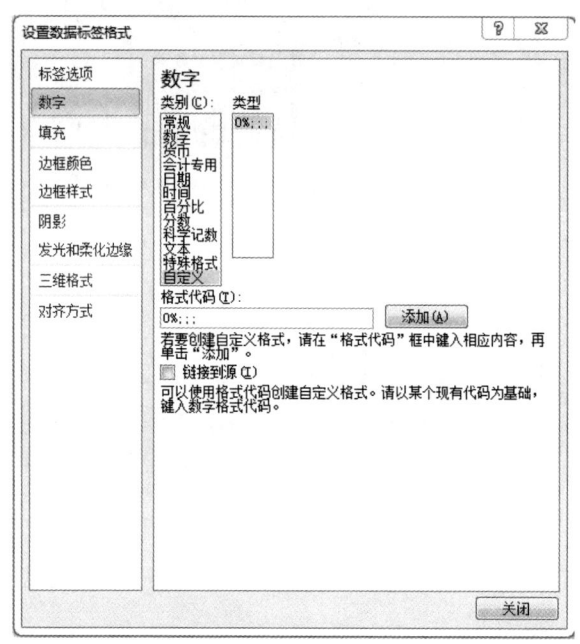

图 5-11　自定义数字显示格式

(2) 重设分类标签，隐藏"0-数据项"类别名称。

在 I2:I13 单元格区域中新创建一个列，记录新的产品名称，要求如果该产品的订单数为 0，则不显示该产品的名称。

选中 I2 单元格，在编辑栏中输入公式：

$$I2=IF(H2=0,"",G2)$$

利用 Excel 的自动填充功能，将光标停留在 I2 单元格右下角，呈现实心十字时，将该公式拖拽填充至 I3:I13 单元格区域，效果如图 5-12 所示。

(3) 重设数据源的分类标签项。

右击图表的任意位置，在弹出的快捷菜单中，选择"选择数据"命令，打开"选择数据源"对话框。

	G	H	I
1	产品名称	订单数	新产品名称
2	运动饮料	2	运动饮料
3	汽水	5	汽水
4	牛奶	5	牛奶
5	苏打水	3	苏打水
6	蜜桃汁	4	蜜桃汁
7	柠檬汁	4	柠檬汁
8	柳橙汁	3	柳橙汁
9	浓缩咖啡	4	浓缩咖啡
10	矿泉水	0	
11	苹果汁	4	苹果汁
12	啤酒	2	啤酒
13	绿茶	2	绿茶

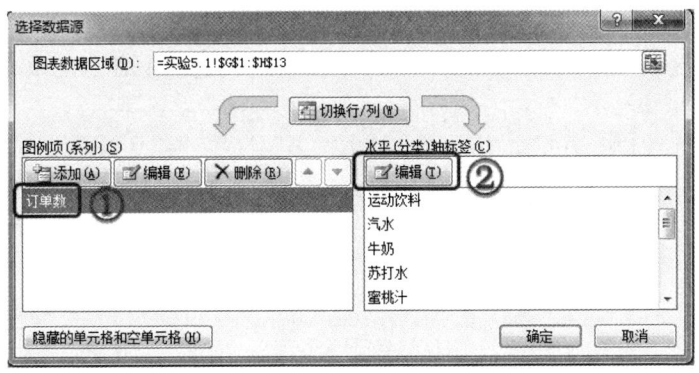

图 5-12　创建新产品名称列

如图 5-13 所示，在“图例项”中选中“订单数”这个系列，然后单击右侧“水平(分类)轴标签”下的“编辑”按钮。

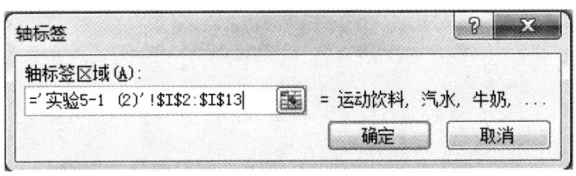

图 5-13　“选择数据源”窗口设置

在打开的“轴标签”对话框中，将“轴标签区域”设置为 I2:I13，单击“确定”按钮。再次回到“选择数据源”对话框，单击“确定”按钮（图 5-14）。

图 5-14　“轴标签”对话框

最后将组合框拖拽至图表的合适位置，如图 5-2 所示的动态饼图即可制作完毕。

实验 5.2 制作动态订单柱形图

【实验目的】
- 掌握筛选数据的方法。
- 掌握模拟运算表的使用方法。
- 熟练使用数值调节钮、文本框控件。
- 学会创建簇状柱形图。
- 掌握设置柱形图格式的方法。

【实验内容】

1. 图 5-15 中记录了不同运货公司承接的发往不同地区的订单情况（数据来源于 Northwind.accdb）。对 E 列产品名称做筛选，制作货主地区清单，罗列出所有出现过的地区名称，每种名称只需记录一次，将结果记录在 H3:H8 单元格区域中。

	A	B	C	D	E	F
1	订单ID	订购日期	公司名称	运货费	货主地区	订单金额
2	10267	1996/7/29	急速快递	208.58	华东	3536.6
3	10286	1996/8/21	联邦货运	229.24	华东	3016
4	10305	1996/9/13	联邦货运	257.62	华北	3741.3
5	10324	1996/10/8	急速快递	214.27	西南	5275.71
6	10345	1996/11/4	统一包裹	249.06	东北	2924.8
7	10353	1996/11/13	联邦货运	360.63	华北	8593.28
8	10359	1996/11/21	联邦货运	288.43	华东	3471.68
9	10372	1996/12/4	统一包裹	890.78	华北	9210.9
10	10424	1997/1/23	统一包裹	370.61	华北	9194.56
11	10430	1997/1/30	急速快递	458.78	西南	4899.2
12	10479	1997/3/19	联邦货运	708.95	华北	10495.6
13	10490	1997/3/31	统一包裹	210.19	华东	3163.2
14	10510	1997/4/18	联邦货运	367.63	东北	4707.54
15	10511	1997/4/18	联邦货运	350.64	华北	2550
16	10514	1997/4/22	统一包裹	789.95	华北	8623.45
17	10515	1997/4/23	急速快递	204.47	东北	9921.3
18	10518	1997/4/25	统一包裹	218.15	华东	4150.05
19	10524	1997/5/1	统一包裹	244.79	西南	3192.65

图 5-15 订单记录表

2. 根据图 5-15 所示数据制作一张动态簇状柱形图，可以选择查看运货费/订单金额的分布情况，具体效果如图 5-16 所示。

（1）创建两个控件：数值调节钮和文本框，通过调整数据调节钮的上下三角按钮，可以在文本框中切换显示"运货费"或者"订单金额"。同时将数值调节钮的操作结果返回到 M2 单元格中。

（2）在 M1 单元格中显示数值调节钮选择的是"运货费"还是"订单金额"。

（3）根据数值调节钮操作的结果，在 I1 和 J1 单元格中同步显示"最高运货费""最低运货费"或者"最高订单金额""最低订单金额"。

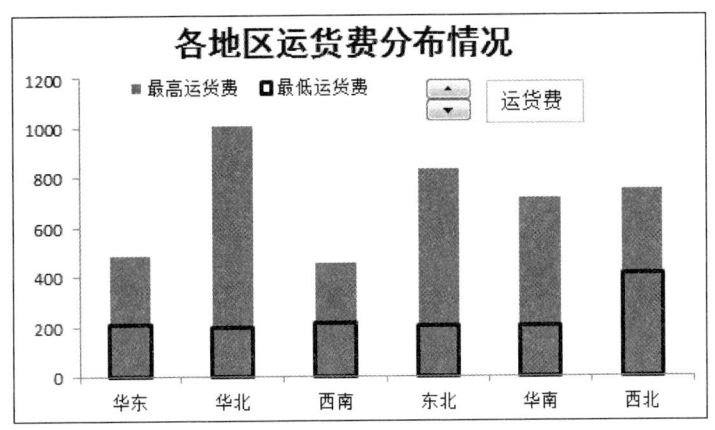

图 5-16　动态柱形图

（4）利用数组公式和 MAX、IF 函数，在 I2 和 J2 单元格中编写公式统计发往某地区订单中最高/最低运货费（或者订单金额）。具体的某个地区名字可记录在单元格 L2 中。

（5）利用模拟运算表填充 I3:J8 单元格区域。

（6）选择合适的数据源区域，创建一个簇状柱形图。

3．设置柱形图的格式。

（1）不显示所有网格线。

（2）将两个数据系列重叠，并将第二个数据系列的柱形设置为无填充，并使用黑色 2.5 磅粗的实线作为边框。

（3）将图列放置在图表的上端。

（4）利用文本框控件添加图表标题，并设置为 18 号、黑体、加粗，标题中统计的内容可以随数值调节钮的操作而发生变化。

【操作步骤】

1．数据筛选。

单击"数据"选项卡"排序和筛选"组中的"高级"按钮，弹出如图 5-17 所示的"高级筛选"对话框。

将对话框中的"方式"选择为"将筛选结果复制到其他位置"，将"列表区域"设置为 E1:E72 单元格区域，"复制到"设置为 H1 单元格，同时选中"选择不重复的记录"复选框，最后单击"确定"按钮（图 5-18）。

将 H2:H7 单元格区域整体向下位移一行，为使用模拟运算表做好准备。

图 5-17　筛选货主地区

图 5-18　货主地区清单

2．制作控件。

(1) 创建数值调节钮控件。

单击"开发工具"选项卡"控件"组中"插入"按钮，选择"表单控件"中的"数值调节钮"控件，在工作表空白区域拖拽出一个数值调节钮。右击该数值调节钮，在弹出的快捷菜单中，选择"设置控件格式"命令，打开"设置控件格式"对话框。

如图 5-19 所示，将数值调节钮的"最小值"设置为 1，"最大值"设置为 2，"步长"设置为 1，"单元格链接"设置为 M2，单击"确定"按钮。

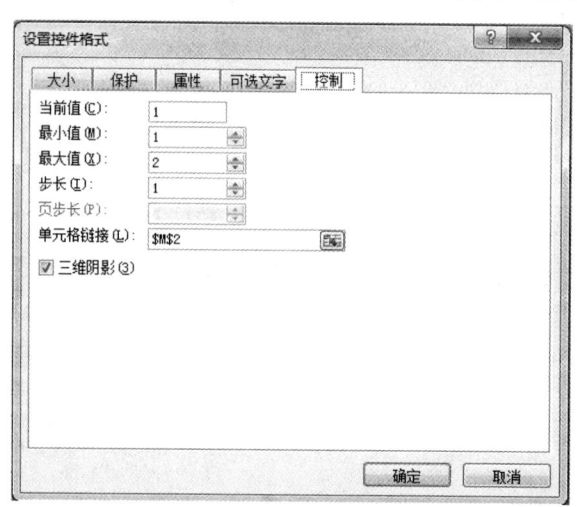

图 5-19　数值调节钮格式设置

(2) 显示数值调节钮的操作结果。

在 M3 单元格中输入文字"运货费"，在 M4 单元格输入文字"订单金额"。

选中 M1 单元格，利用 INDEX 函数，在编辑栏中输入公式：

M1=INDEX(M3:M4,M2)

(3) 创建文本框控件，在图表中显示“运货费”或者“订单金额”。

单击“插入”选项卡“插图”组中“形状”按钮，选择“文本框”，在工作表空白处拖出合适大小的文本框。在选中该文本框的情况下，在编辑栏中输入公式：=M1。

3．制作统计表格。

(1) 在 I1 和 J1 单元格中设置动态标题。

选中 I1 单元格，在编辑栏中输入公式：="最高" & M1。

选中 J1 单元格，在编辑栏中输入公式：="最低" & M1。

(2) 在 L1 单元格中输入文字“货主地区”，L2 单元格输入文字“华东”。

(3) 在 I2 单元格中输入公式，统计最高运货费或者订单金额：

{=MAX(IF(E2:E72=L2,IF(M2=1,D2:D72,F2:F72)))}

在 J2 单元格中输入公式，统计最低运货费或者订单金额：

{=MIN(IF(E2:E72=L2,IF(M2=1,D2:D72,F2:F72)))}

(4) 制作模拟运算表。

选中 H2:J8 单元格区域，单击“数据”选项卡“数据工具”组中“模拟分析”按钮，选择“模拟运算表”命令，打开如图 5-20 所示的“模拟运算表”对话框。

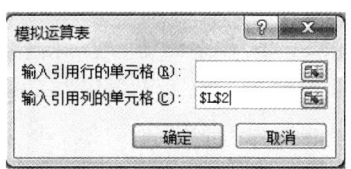

图 5-20 “模拟运算表”对话框

在“模拟运算表”对话框中，将“输入引用列的单元格”设置为 L2，单击“确定”按钮。如图 5-21 所示的统计表即制作完毕。

	H	I	J	K	L	M
1	货主地区	最高运货费	最低运货费		货主地区	运货费
2		487.38	208.58		华东	1
3	华东	487.38	208.58			运货费
4	华北	1007.64	200.24			订单金额
5	西南	458.78	214.27			
6	东北	830.75	203.48		图表标题	
7	华南	719.78	202.24			
8	西北	754.26	411.88			

图 5-21 统计表

4. 创建簇状柱形图。

选中 H1:J1 单元格区域,按下 Ctrl 键,同时再选中 H3:J8 单元格区域。单击"插入"选项卡"图表"组中"柱形图"按钮,选择"二维柱形图"中的"簇状柱形图",可以创建出如图 5-22 所示的图表。

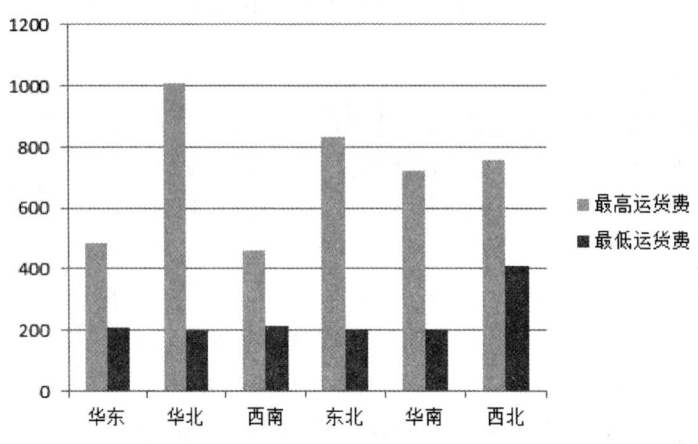

图 5-22 初始的簇状柱形图

5. 设置柱形图格式。

(1) 去除横向网格线。

单击任意一根横向网格线,按 Delete 键,即可删除所有横向网格线。或者选中图表,激活"图表工具"选项卡,单击"布局"子选项卡"坐标轴"组中"网格线"按钮,选择"主要横网格线"中的"无"命令,也可以去除横向网格线。

(2) 更改图例位置。

单击"图表工具"选项卡"布局"子选项卡"标签"组中"图例"按钮,选择"在顶部显示图例"命令。再用鼠标左键,将图例拖拽至合适的位置。

(3) 修改数据系列格式。

右击任意一个第二数据系列的柱形(也就是图 5-22 中"最低运货费"这个系列),在弹出的快捷菜单中选择"设置数据系列格式"命令。

打开如图 5-23 所示的"设置数据系列格式"对话框,在左侧选择"系列选项",在右侧将"系列重叠"设置为 100%重叠型。

然后,选择左侧的"填充",在右侧选择"无填充"。

再后,选择左侧的"边框颜色",在右侧选择"实线",在下方的"颜色"中选择"主题颜色"为"黑色,文字 1",如图 5-24 所示。

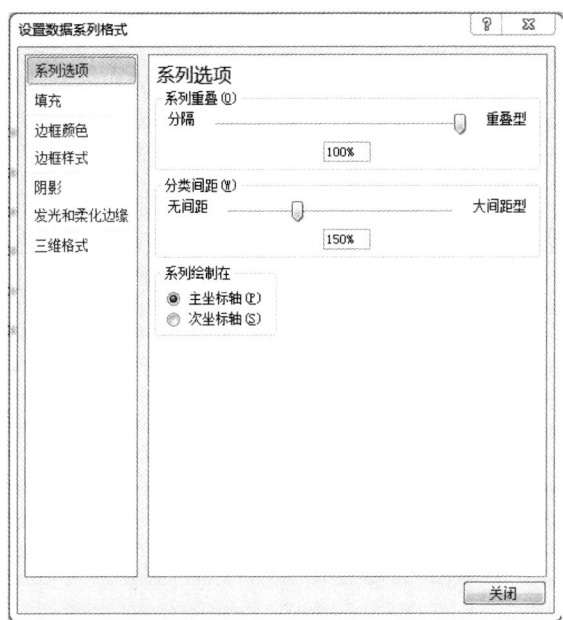

图 5-23　设置数据系列重叠

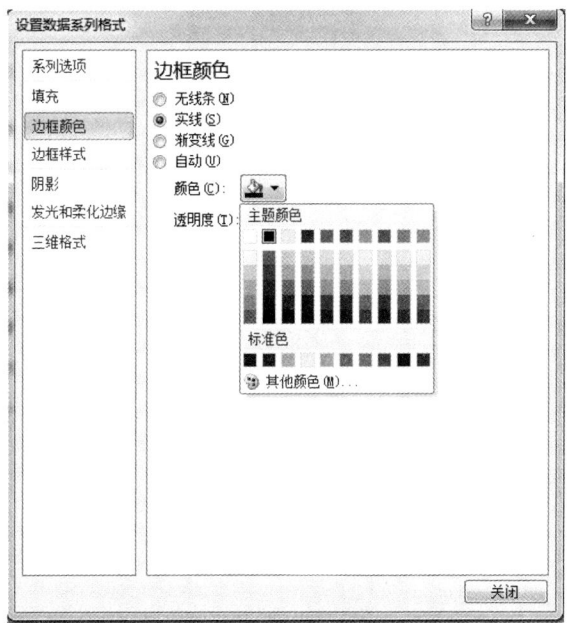

图 5-24　设置边框颜色

最后,选择左侧的"边框样式",在右侧将"宽度"设置为 2.5 磅。单击"关闭"按钮。

(4) 增加动态图表标题。

在 L7 单元格中利用公式编辑一个可以随数值调节钮的操作而动态变化的标题内容，可以参考公式：

$$L7="各地区" \& M1 \& "分布情况"$$

单击"插入"选项卡"插图"组中的"形状"按钮，选择"文本框"，在柱形图顶端拖拽出合适的大小。在选中该文本框的情况下，在编辑栏中输入公式：=L7。

选中文本框，在"开始"选项卡下，将标题设置为黑体、18 号字体、加粗。

右击该文本框，在弹出的快捷菜单中，选择"设置形状格式"命令。在弹出的对话框中，选择左侧"填充"选项，将右侧"填充"设置为"无填充"。再选择左侧的"线条颜色"选项，将右侧"线条颜色"设置为"无线条"。单击"关闭"按钮。

6. 安置数值调节钮和文本框控件。

右击最初创建的数值调节钮和文本框，在弹出的快捷菜单中，选择"置于顶层"命令。最后将这两个控件拖拽至图表的合适位置，就可以创建如图 5-16 所示的动态柱形图。

第6章 投资决策模型

实验 6.1　财务函数计算模型

【实验目的】
- 理解投资的概念。
- 了解银行的利率概念。
- 掌握使用 PV 函数计算现值的方法。
- 掌握使用 FV 函数计算未来值的方法。

【实验内容】

利用 Excel 内建函数完成如下要求的计算。

1．某人借出资金 100 000 元，按年利率 8%计算，5 年后可获资金多少元？

2．某人准备在 8 年后积蓄达 60 000 元，试计算目前应存款多少元？（按年利率 7.5%计算）。

3．某私人企业购入机床一台，价值为 20 000 元，使用期为 6 年，若使用机器后每年可获利 5000 元，6 年后年金的净现值为多少元？（按年率 8%计算）。

【操作步骤】

1．某人借出资金 100 000 元，按年利率 8%计算，5 年后该人可获资金多少元？

（1）将借出资金、利率、年数、5 年后资金等在工作表中形成一个计算框架，在 C3:C5 单元格区域中输入相关的已知数据，如图 6-1 所示。

	A	B	C	D
2				
3		借出资金	-100000	
4		利率	8%	
5		年数	5	
6		5年后资金		
7				

图 6-1　未来值函数 FV 的计算框架

（2）在 C6 单元格中输入未来值函数的公式：

$$C6=FV(C4,C5,0,C3)$$

5 年后的资金为 146932.81 元，计算结果如图 6-2 所示。

2．某人准备在 8 年后积蓄 60 000 元，试计算目前应存款多少元？（按年利率 8%计算）。

	A	B	C	D
2				
3		借出资金	-100000	
4		利率	8%	
5		年数	5	
6		5年后资金	146932.81	
7				

图 6-2　未来值函数 FV 的计算结果

(1)将 8 年后积蓄、利率、年数、目前应存款多少元等在工作表中形成一个计算框架，在 C9:C11 单元格区域中输入相关的已知数据，如图 6-3 所示。

	A	B	C	D
8				
9		8年后积蓄	60000	
10		利率	8%	
11		年数	8	
12		目前应存款多少元		
13				

图 6-3　现值函数 PV 的计算框架

(2)在 C12 单元格中输入现值函数的公式：

$$C12=PV(C10,C11,,-C9)$$

目前应存款额为 33642.13 元，计算结果如图 6-4 所示。

	A	B	C	D
8				
9		8年后积蓄	60000	
10		利率	8%	
11		年数	8	
12		目前应存款多少元	33642.13	
13				

图 6-4　现值函数 PV 的计算结果

3. 某私人企业购入机床一台，价值为 20 000 元，使用期为 6 年，若使用机器后每年可获利 5000 元，6 年后年金的净现值为多少元？（按年利率 8% 计算）。

(1)将初始价值、使用期、每年获利、利率、6 年后年金的净现值等在工作表中形成一个计算框架，在 C15:C18 单元格区域中输入相关的已知数据，如图 6-5 所示。

	A	B	C	D
14				
15		初始价值	-20000	
16		使用期	6	
17		每年获利	5000	
18		利率	8%	
19		6年后年金的净现值		
20				

图 6-5　净现值函数 NPV 的计算框架

(2) 在 C19 单元格中输入净现值函数的公式：
$$C19=NPV(C18,C17,C17,C17,C17,C17,C17)+C15$$
6 年后年金的净现值为 3114.40 元，计算结果如图 6-6 所示。

	A	B	C	D
14				
15		初始价值	-20000	
16		使用期	6	
17		每年获利	5000	
18		利率	8%	
19		6年后年金的净现值	3114.40	
20				

图 6-6　净现值函数 NPV 的计算结果

实验 6.2　投资评价模型

【实验目的】
- 理解投资评价模型。
- 掌握使用 NPV 函数计算净现值。
- 掌握使用 IRR 函数计算内部报酬率。

【实验内容】
某商人有 600 万元资金，准备考察两个投资项目。项目 A 是投资开设一家苏果社区店，另一个项目 B 是开设一家肯德基餐厅。项目 A 初始投入 600 万元，以后每年获得本金的 12%的投资收益，10 年后收回本金；项目 B 初始投入 600 万元，根据预测该项目第 1 年可获得 40 万元的收益，以后每年的收益在上一年基础上递增 15%，10 年后收回本金。假定贴现率为 7%，要求：

1．在本工作表中构建一个计算框架模型，对两个项目进行比较，分别计算出两个投资项目的净现值，给出"项目 A 较优"或"项目 B 较优"的投资结论。

2．扩充上述模型，分别计算出项目 A 和项目 B 的内部报酬率。

3．求出使两个项目的净现值相等的贴现率以及相等处的净现值。

【操作步骤】
1．建立模型框架。
根据题目的相关要求构建一个框架 A1:C17。
(1) 在 B1:C2 单元格区域中依次输入"贴现率""7%""项目 A"和"项目 B"。
(2) 在 A3:A13 单元格区域中依次输入 0、1、2、3、4、5、6、7、8、9、10，表示投资的年份，其中 A3 单元格中的 0 表示初始投资。
(3) 在 A14:A17 单元格区域中依次输入文字"净现值、内部报酬率、净现值相等处的内部报酬率、交点处净现值"，如图 6-7 所示。

	A	B	C	D
1		贴现率	7%	
2		项目A	项目B	
3	0			
4	1			
5	2			
6	3			
7	4			
8	5			
9	6			
10	7			
11	8			
12	9			
13	10			
14	净现值			
15	内部报酬率			
16	净现值相等处的内部报酬率			
17	交点处净现值			
18				

图 6-7　投资模型框架

2. 输入第 0 年至第 10 年的现金流。

(1) 由于初始投资是资金的付出，因此在 B3 和 C3 单元中分别输入 "-600" "-600"。

(2) 项目 A 初始投入 600 万元，以后每年获得本金的 12% 的投资收益。因此在 B4 单元格输入公式："=-$B$3*12%"，利用数据填充柄工具将 B4 单元的公式复制到 B5:B12 单元格区域中。由于项目 A 准备在 10 年后收回本金，因此项目 A 第 10 年末的现金流应该用公式 "B13=-$B$3*12%+(-B3)" 来计算。

(3) 根据预测，项目 B 在第 1 年便可以获得 40 万元的纯收益，以后每年的收益在上年的基础上再递增 15%，投资的本金 10 年以后全部收回。因此在 C4 单元格中输入 40，C5:C13 单元格区域中的公式应分别为：C5=C4*(1+15%)、C6=C5*(1+15%)、C7=C6*(1+15%)、C8=C7*(1+15%)、C9=C8*(1+15%)、C10=C9*(1+15%)、C11=C10*(1+15%)、C12=C11*(1+15%)、C13=C12*(1+15%)+(-C3)。结果如图 6-8 所示。

	A	B	C	D
1		贴现率	7%	
2		项目A	项目B	
3	0	-600	-600	
4	1	72	40	
5	2	72	46.0	
6	3	72	52.9	
7	4	72	60.8	
8	5	72	70.0	
9	6	72	80.5	
10	7	72	92.5	
11	8	72	106.4	
12	9	72	122.4	
13	10	672	740.7	
14	净现值			
15	内部报酬率			
16	净现值相等处的内部报酬率			
17	交点处净现值			
18				

图 6-8　项目 A 和项目 B 的现金流

3．分别计算两个项目的净现值和内部报酬率。

(1) 计算项目 A 和项目 B 的净现值。在 B14 和 C14 单元格分别输入下列公式：

B14=B3+NPV($C$1,B4:B13)

C14=C3+NPV($C$1,C4:C13)

(2) 计算项目 A 和项目 B 的内部报酬率。在 B15 和 C15 单元格分别输入下列公式：

B15=IRR(B3:B13)

C15=IRR(C3:C13)

(3) 计算项目 A 和项目 B 净现值相等的内部报酬率。在 B16 单元格中输入下列公式：

B16=IRR(B3:B13−C3:C13)

(4) 计算项目 A 和项目 B 交点处的净现值。在 B17 和 C17 单元格分别输入下列公式：

B17=B3+NPV($B$16,B4:B13)

C17=C3+NPV($B$16,C4:C13)

计算结果如图 6-9 所示。

	A	B	C	D
14	净现值	210.71	233.29	
15	内部报酬率	12.00%	11.91%	
16	净现值相等处的内部报酬率	11.17%		
17	交点处净现值	28.96	28.96	
18				

图 6-9　项目 A 和项目 B 的净现值和内部报酬率

4．评价最优投资项目。

利用 IF() 函数确定最优投资项目。在 A19 单元格中输入公式 "=IF(B14>C14,B2,C2)&"较优""，这样可以直接显示哪个项目最优。为了突出显示结果，将 A19 单元格设置成红色并加红色双线边框，如图 6-10 所示。

	A	B	C	D
1		贴现率	7%	
2		项目A	项目B	
3	0	−600	−600	
4	1	72	40	
5	2	72	46.0	
6	3	72	52.9	
7	4	72	60.8	
8	5	72	70.0	
9	6	72	80.5	
10	7	72	92.5	
11	8	72	106.4	
12	9	72	122.4	
13	10	672	740.7	
14	净现值	210.71	233.29	
15	内部报酬率	12.00%	11.91%	
16	净现值相等处的内部报酬率	11.17%		
17	交点处净现值	28.96	28.96	
18				
19	项目B较优			
20				

图 6-10　项目 A 和项目 B 的投资决策模型

实验 6.3　房地产投资模型

【实验目的】
- 了解房地产投资评价模型。
- 了解银行的利率概念。
- 掌握使用 FV 函数计算未来值的方法。
- 掌握使用 PMT 函数计算投资或者贷款的每期付款金额。

【实验内容】
某人看中一套商品房，打算在 10 年后用全额现金支付方式购买，目前该房屋的价格为 1 800 000 元，据估计该房的房价每年会上涨 6%。现在，购房人每年投入相同数量的金钱到一种年收益率为 12%的投资理财项目，准备在第 10 年末将存款全部取出来购买那套商品房。要求：

1. 利用 Excel 的财务函数分别计算出 10 年以后该房的房价以及购房人每年应该投入的金额。

2. 在动态模拟表(H3:N13 单元格区域)的各个相应单元格中输入正确的公式，计算出这人每年应向投资项目存入的金额、从该投资项目得到的年收益(并继续投入到该项目中去)、每年初的存款余额、每年末的存款余额以及每年末的房价。通过计算，来确认 10 年后的存款余额是否可以正好支付 10 年后的该商品房的购房款。

【操作步骤】
1. 建立房地产投资模型框架。

根据题目的相关要求构建一个框架 C3:D8。

(1) 在 C3:D8 单元格区域中依次输入"当前房价、房价上升率、投资收益率、年限、购买时房价、每年存入金额"。

(2) 在 D3:D6 单元格区域中依次输入"1800000、6%、12%、10"，如图 6-11 所示。

2. 计算 10 年后的房价和每年存入的金额。

(1) 使用未来值函数 FV() 计算出 10 年后的房价。在 D7 单元格中输入公式："=FV(D4,D6,,-D3)"，10 年后的房价为 3223525.85 元。

(2) 使用 PMT 函数计算每年的存款金额。在 D8 单元格中输入公式："=PMT(D5,D6,,-D7)"，每年应向银行存入 183689.93 元。计算结果如图 6-12 所示。

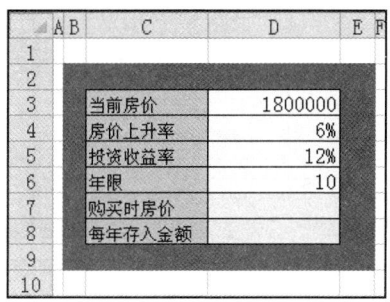

图 6-11 房地产投资模型框架

图 6-12 房地产投资模型计算结果

3．构建立房地产投资模型动态模拟表的框架。

(1) 在 H3:H13 单元格区域中依次输入下列数据"年、1、2、3、4、5、6、7、8、9、10"。

(2) 在 I3、J3、K3、L3、N3 的单元格中依次输入文字"年初存款余额""年存入金额""年收益""年末存款余额""年末房价"。该框架如图 6-13 所示。

4．计算每年的"年初存款余额""年存入金额""年收益""年末存款余额"和"年末房价"。

(1) 第 1 年的年初存款余额应为 0，因此在 I4 的单元格中输入常数 0。

(2) 从第 2 年开始，每年的年初存款余额应为上一年年末的存款余额。在 I5 的单元格输入公式："=L4"。使用数据填充柄工具，将 I5 单元格中的公式依次复制到 I6:I13 单元格区域，I6:I13 单元格区域中的公式分别是："=L5""=L6""=L7""=L8""=L9""=L10""=L11""=L12"。

(3) 因为该投资模型每年的年存入金额都是相同的，因此在 J4:J13 单元格区域中输入的公式都是一样的，其公式为："=$D$8"。

年	年初存款余额	年存入金额	年收益	年末存款余额	年末房价
1	0				
2					
3					
4					
5					
6					
7					
8					
9					
10					

图 6-13　房地产投资模型动态模拟表的框架

(4) 计算每年的年收益。在 K4 单元格中输入公式："=I4*$D$5"。使用数据填充柄工具，将 K4 单元格中的公式依次复制到 K5:K13 单元格区域，K5:K13 单元格区域中的公式分别是："=I5*$D$5""=I6*$D$5""=I7*$D$5""=I8*$D$5""=I9*$D$5""=I10*$D$5""=I11*$D$5""=I12*$D$5""=I13*$D$5"。

(5) 计算每年的年末存款余额。在 L4 单元格中输入公式："=SUM(I4:K4)"。使用数据填充柄工具，将 L4 单元格中的公式依次复制到 L5:L13 单元格区域，L5:L13 单元格区域中的公式分别是："=SUM(I5:K5)""=SUM(I6:K6)""=SUM(I7:K7)""=SUM(I8:K8)""=SUM(I9:K9)""=SUM(I10:K10)""=SUM(I11:K11)""=SUM(I12:K12)""=SUM(I13:K13)"。

(6) 计算每年年末的房价。由于每年的房价在上一年的基础上上涨 6%，因此在 N4 单元格中输入公式："=D3*(1+D4)"、在 N5 单元格中输入公式："=N4*(1+$D$4)"。使用数据填充柄工具，将 N5 单元格中的公式依次复制到 N6:N13 单元格区域，N6:N13 单元格区域中公式分别是："=N5*(1+$D$4)""=N6*(1+$D$4)""=N7*(1+$D$4)""=N8*(1+$D$4)""=N9*(1+$D$4)""=N10*(1+$D$4)""=N11*(1+$D$4)""=N12*(1+$D$4)"。

每年的年初存款余额、年存入金额、年收益、年末存款余额和年末房价的计算结果如图 6-14 所示。

年	年初存款余额	年存入金额	年收益	年末存款余额	年末房价
1	0	183689.93	0	183689.93	1908000.00
2	183689.93	183689.93	22042.79	389422.64	2022480.00
3	389422.64	183689.93	46730.72	619843.29	2143828.80
4	619843.29	183689.93	74381.19	877914.41	2272458.53
5	877914.41	183689.93	105349.7	1166954.06	2408806.04
6	1166954.06	183689.93	140034.5	1490678.48	2553334.40
7	1490678.48	183689.93	178881.4	1853249.82	2706534.47
8	1853249.82	183689.93	222390	2259329.73	2868926.53
9	2259329.73	183689.93	271119.6	2714139.22	3041062.13
10	2714139.22	183689.93	325696.7	3223525.85	3223525.85

图 6-14　房地产投资模型动态模拟表的计算结果

比较 D7、L13、N13 三个单元格，发现它们的值是一致的。利用这个计算表，可以确认 10 年末的存款余额正好可以支付当时所需的购房款。

实验 6.4　基金投资模型

【实验目的】
- 理解基金投资模型。
- 了解基金的面值、买入价、净值等基本概念。
- 掌握使用 NPV 函数计算净现值。
- 掌握使用 IRR 函数计算内部报酬率。
- 掌握使用数值调节钮(窗体控件)调整贴现率和增值能力。
- 学会制作动态图表。

【实验内容】
某一名投资者现持有 10 万元的现金进行证券基金的投资，若假定目前有三种基金品种可供投资：第一种基金 A，市场每份的买入价为 0.65 元，该基金净值为 1.05 元；第二种基金 B，市场每份的买入价为 0.5 元，该基金净值为 0.85 元；第三种基金 C，市场每份的买入价为 0.6 元，该基金净值为 0.9 元。假设投资者只考虑 3 年的投资期限，并在投资期限内不卖出持有的证券基金。试按下列要求建立一个决策模型。

1．试建立一个用 10 万元资金买入上述三种证券基金后，各个基金三年净值的变化情况表，假定证券基金年增值能力的变化范围为 5%~60%。

2．如果投资者使用的贴现率在 1%~5%范围内变化时，给出这三种证券基金中投资效益最优的证券基金。

3．试建立一个可调动态图形，当调节基金三个净值增值能力微调控件和贴现率微调控件时，模型给出投资效益最优的证券品种。

【操作步骤】
1．构建基金投资模型的框架。

(1) 在 B5:H28 单元格区域中建立框架模型，并根据题意输入已知数据，如图 6-15 所示。

(2) 在 C25 单元格中添加一个表单控件数值调节钮用于调节贴现率，设置其当前值、最小值、最大值和步长分别为 1、1、5、1，单元格链接$D$25，如图 6-16 所示。

(3) 在 C26 单元格中添加一个表单控件数值调节钮用于调节基金增值能力，设置其当前值、最小值、最大值和步长分别为 5、5、60、5，单元格链接$D$26，如图 6-17 所示。

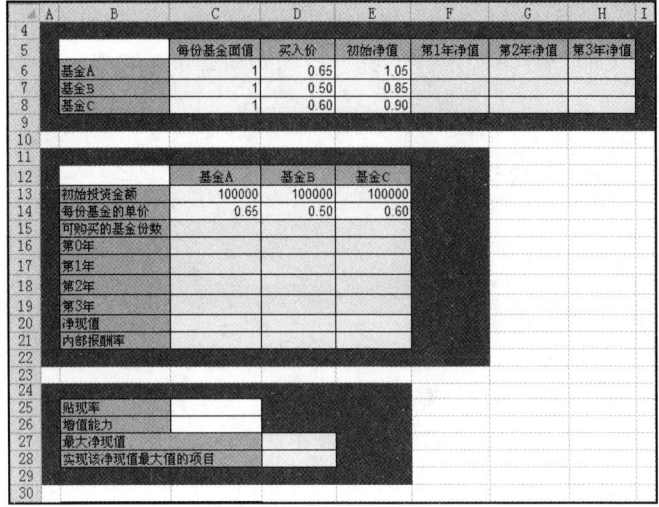

图 6-15　基金投资模型的框架

图 6-16　设置 C25 单元格中的微调框格式

图 6-17　设置 C26 单元格中的微调框格式

(4) 设置贴现率和增值能力的百分比格式。在 C25 单元格中输入公式："=D25/100"，在 C26 单元格中输入公式："=D26/100"，并把 C25、C26 单元格的格式设置为百分比样式。结果如图 6-18 所示。

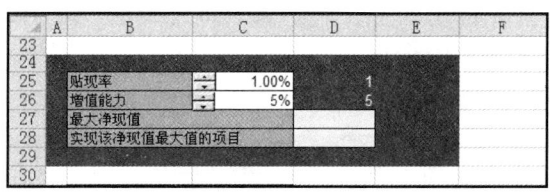

图 6-18 贴现率和增值能力数值调节钮的设置结果

2. 计算基金 A、基金 B、基金 C 的每年净值。在 F6:H8 单元格区域中输入下列公式：

F6=E6*(1+$C$26)　　　G6=F6*(1+$C$26)　　　H6=G6*(1+$C$26)
F7=E7*(1+$C$26)　　　G7=F7*(1+$C$26)　　　H7=G7*(1+$C$26)
F8=E8*(1+$C$26)　　　G8=F8*(1+$C$26)　　　H8=G8*(1+$C$26)

3. 计算基金 A、基金 B、基金 C 可购买的基金份数。在 C15:E15 单元格区域中输入下列公式：

C15=C13/C14　　　　D15=D13/D14　　　　E15=E13/E14

4. 计算基金 A、基金 B、基金 C 各年的现金流。在 C16:E19 单元格区域中输入下列公式：

C16=−C13　　　　　D16=−D13　　　　　E16=−E13
C17=0　　　　　　　D17=0　　　　　　　E17=0
C18=0　　　　　　　D18=0　　　　　　　E18=0
C19=C15*H6　　　　D19=D15*H7　　　　E19=E15*H8

5. 计算基金 A、基金 B、基金 C 的净现值和内部报酬率。在 C20:E21 单元格区域中输入下列公式：

C20= C16+NPV($C$25,C17:C19)
D20= D16+NPV($C$25,D17:D19)
E20= E16+NPV($C$25,E17:E19)
C21=IRR(C16:C19)
D21=IRR(D16:D19)
E21=IRR(E16:E19)

6. 使用 MAX() 函数求出基金 A、基金 B、基金 C 的最大净现值。在 D27 单元格区域中输入公式：

D27=MAX(C20:E20)

7. 使用 INDEX()、MATCH() 函数找出实现该净现值最大值的项目。在 D28

单元格区域中输入公式：

D28=INDEX(C12:E12,MATCH(D27,C20:E20,0))

8．使用 IF() 函数得出结论。在 B31 单元格区域中输入公式：

B31=IF(D27>0,"最优基金品种是" & D28,"三个基金品种均不可取")

以上计算结果如图 6-19 所示。

	A	B	C	D	E	F	G	H
3								
4								
5			每份基金面值	买入价	初始净值	第1年净值	第2年净值	第3年净值
6		基金A	1	0.65	1.05	1.68	2.69	4.30
7		基金B	1	0.50	0.85	1.36	2.18	3.48
8		基金C	1	0.60	0.90	1.44	2.30	3.69
9								
10								
11								
12			基金A	基金B	基金C			
13		初始投资金额	100000	100000	100000			
14		每份基金的单价	0.65	0.50	0.60			
15		可购买的基金份数	153846.15	200000	166666.67			
16		第0年	-100000	-100000	-100000			
17		第1年	0	0	0			
18		第2年	0	0	0			
19		第3年	661661.5385	696320	614400.00			
20		净现值	471568.11	501507.40	430741.82			
21		内部报酬率	87.74%	90.96%	83.15%			
22								
23								
24								
25		贴现率		5.00%		5		
26		增值能力		60%		60		
27		最大净现值			501507.40			
28		实现该净现值最大值的项目			基金B			
29								
30								
31		最优基金品种是基金B						
32								

图 6-19　基金 A、基金 B、基金 C 投资模型的计算结果

9．创建图表。

(1) 按住 Ctrl 键，选择不连续的 C12:E12、C20:E20 单元格区域，在"插入"选项卡的"图表"组中单击"柱形图"按钮，在下拉列表中选择"簇状柱形图"，创建如图 6-20 所示的图表。

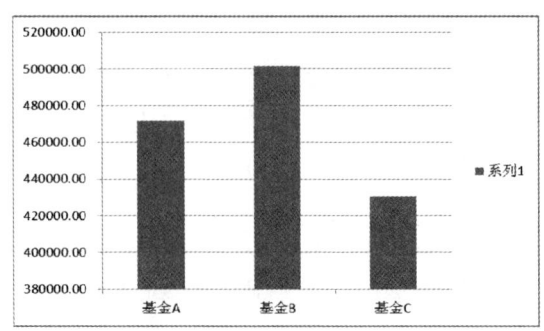

图 6-20　基金 A、基金 B 和基金 C 的净现值簇状柱形图

(2) 取消图表的主要横网格线，删除图表的图例，设置纵坐标轴的格式：最小值为 0，最大值为"自动"，主要刻度单位为 50000，如图 6-21 所示。

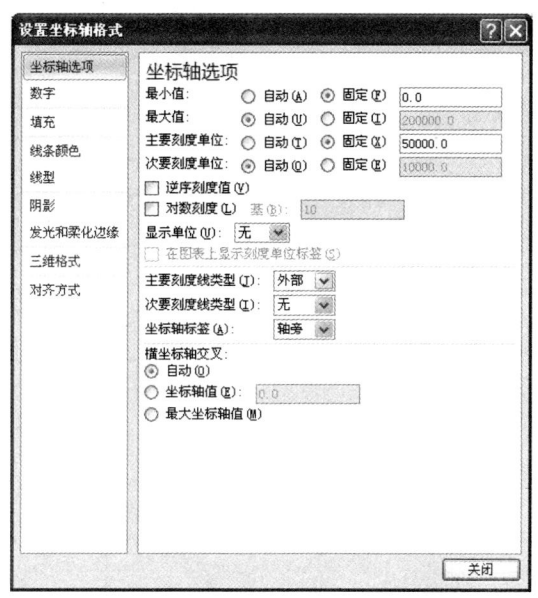

图 6-21　设置纵坐标轴的格式

(3) 设置图表的标题。将"图表标题"设置成"图表上方"，标题内容为"基金投资模型"，字体为宋体 11 号。

(4) 设置坐标轴的标题。将"主要横坐标轴标题"设置成"坐标轴下方标题"，标题内容为"基金类别"，字体为宋体 10 号；将"主要纵坐标轴标题"设置成"旋转过的标题"，标题内容为"净现值"，字体为宋体 10 号。

(5) 设置图表绘图区的格式。右击图表绘图区，在弹出的快捷菜单里选择"设置绘图区格式"命令，选择图表绘图区的"边框颜色"为"实线"。

(6) 添加数据标签及设置数据标签格式。右击基金 A、基金 B、基金 C 任意一列数据，在弹出的快捷菜单中选择"添加数据标签"命令；右击基金 A、基金 B、基金 C 任意一列数据，在弹出的快捷菜单中选择"设置数据系列格式"，选择"边框颜色"为"实线"。选中基金 A，右击基金 A，选择"设置数据点格式"命令将"填充"设置成"图案填充"，选择"浅色上对角线"；选中基金 B，右击基金 B，将"填充"设置成"图案填充"，选择"小棋盘"；选中基金 C，右击基金 C，将"填充"设置成"图案填充"，选择"小网格"。

(7) 添加五个文本框控件及两个数值微调按钮，并设置相应的数据。将图表、微调框、文本框组合，结果如图 6-22 所示。

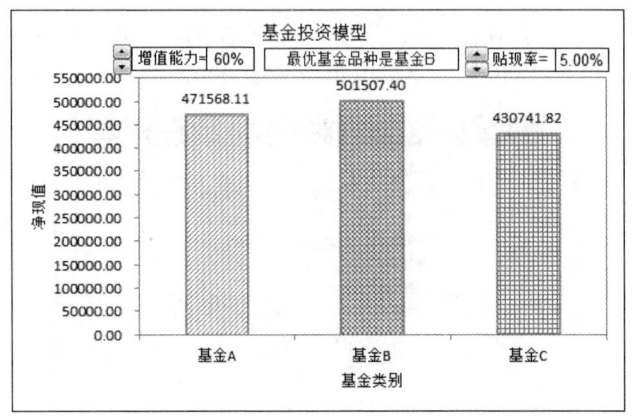

图 6-22　基金投资模型

实验 6.5　外汇投资模型

【实验目的】
- 了解外汇投资的概念。
- 掌握使用 NPV 函数计算净现值。
- 掌握使用 MAX 函数、IF 函数找出最优的投资方案。
- 掌握使用数值调节钮(窗体控件)调整贴现率和外汇汇率。

【实验内容】
假定现有两个外汇品种(美元、欧元)可供投资,某投资者现有 60 万元人民币。美元市场价为每 100 美元可兑换 610 元人民币,欧元市场价为每 100 欧元可兑换 815 元人民币,若投资者只考虑 3 年的投资期,在投资期内一直持有相应外汇,假定汇率的年变化率在-15%~15%范围内变化,投资者使用的基准货币是人民币,其贴现率在 1%~8%范围内变化时,利用模型给出这两个外汇中最优的投资品种。

【操作步骤】
1. 外汇投资模型框架。

根据题目的相关要求构建一个框架 B5:D30。输入相关数据至该框架中,如图 6-23 所示。

2. 计算可购买的外汇数量。在 C13:D14 单元格区域中输入下列公式:

C13=D6　　　　　　　　　　　D13=D7
C14=C12/C13*100　　　　　　D14=D12/D13*100

计算结果如图 6-24 所示。

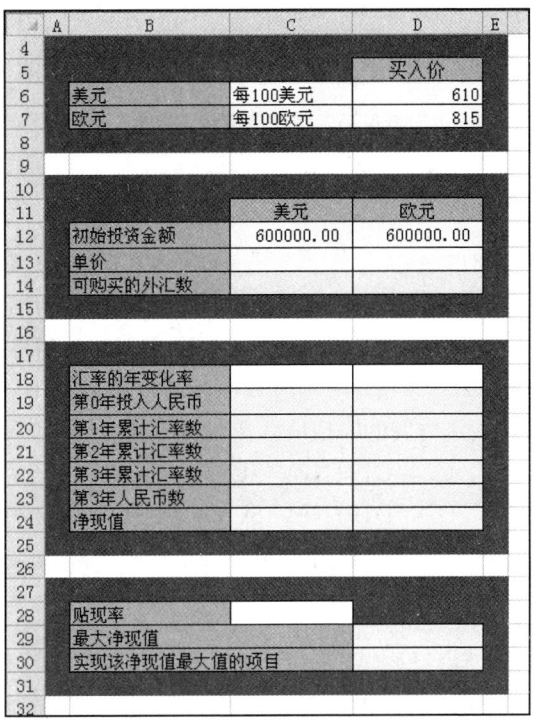

图 6-23 外汇投资模型框架

图 6-24 可以购买的外汇数量

3. 添加调整汇率年变化率的微调框。

(1) 在 C18 单元格的左侧添加一个窗体控件数值调节钮(即微调框),设置其当前值、最小值、最大值和步长分别为 25、0、30、1,单元格链接为$C$17。设置 C18 单元格的计算公式为:=(C17-15)/100,设置其格式为百分比样式。该按钮用于调整美元汇率的年变化率,使其固定在-15%～15%范围内。

(2) 在 D18 单元格的左侧添加一个窗体控件数值调节钮(即微调框),设置其当前值、最小值、最大值和步长分别为 24、0、30、1,单元格链接为$D$17。设置 D18 单元格的计算公式为:=(D17-15)/100,设置其格式为百分比样式。该按钮用于调整欧元汇率的年变化率,使其固定在-15%～15%范围内。

微调框的设置结果如图 6-25 所示。

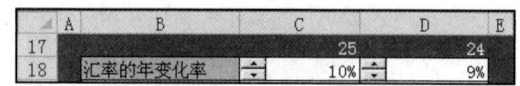

图 6-25　微调框的设置结果

4．输入外汇投资额的现金流。在 C19:D23 单元格区域输入下列计算公式：

C19=-C12　　　　　　　　　　　D19=-D12
C20=C13*(1+C18)　　　　　　　 D20=D13*(1+D18)
C21=C20*(1+$C$18)　　　　　　D21=D20*(1+$D$18)
C22=C21*(1+$C$18)　　　　　　D22=D21*(1+$D$18)
C23=C14*C22/100　　　　　　　D23=D14*D22/100

5．计算两种外汇投资方案的净现值。在 C24:D24 单元格区域中输入下列公式：

C24=C19+NPV($C$28,0,0,C23)
D24=D19+NPV($C$28,0,0,D23)

现金流和净现值的计算结果如图 6-26 所示。

	A	B	C	D	E
19		第0年投入人民币	-600000.00	-600000.00	
20		第1年累计汇率数	671.00	888.35	
21		第2年累计汇率数	738.10	968.30	
22		第3年累计汇率数	811.91	1055.45	
23		第3年人民币数	798600.00	777017.40	
24		净现值	175113.29	154165.43	
25					
26					

图 6-26　现金流和净现值的计算结果

6．添加调整贴现率的微调框。

在 C28 单元格的左侧添加一个数值调节钮窗体控件(即微调框)，设置其当前值、最小值、最大值和步长分别为 1、1、8、1，单元格链接为$D$28。设置 C28 单元格的计算公式为：=D28/100，设置其格式为百分比样式。该按钮用于调整贴现率，使其在1%~8%范围内变化。

7．计算投资项目的最大净现值和利用相关函数选择实现该净现值为最大值的项目名称。

(1)利用 MAX 函数计算最大净现值，在 D29 单元格中输入公式：=MAX(C24:D24)。

(2)利用 INDEX 函数和 MATCH 函数求实现该净现值最大值的项目名称。在 D30 单元格中输入公式：=INDEX(C11:D11,MATCH(D29,C24:D24,0))。

8．利用 IF 条件函数给出投资的结论。

在 B33 单元格中输入公式：

B33=IF(D29>0,"最优外汇品种是" & D30,"两个外汇品种均不可取")

并设置 B33 单元格的字符颜色为红色、边框为红色单线边框。

结果如图 6-27 所示。

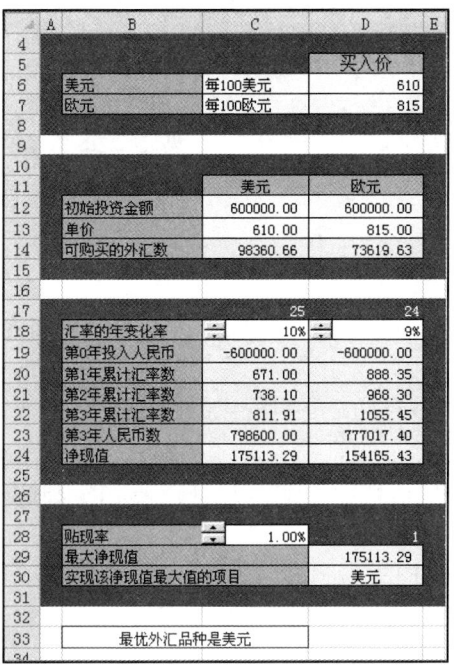

图 6-27　外汇投资模型

第 7 章 经济订货量模型

实验 7.1 经济订货量基本模型

【实验目的】
- 理解经济订货量和各种成本的含义。
- 掌握基本经济订货量模型中关于经济订货量、各种成本的计算公式。
- 掌握使用模拟运算表计算不同订货量下的各种成本的方法。
- 掌握绘制各种成本随订货量变化的曲线图形(带平滑线散点图)。
- 掌握在图形中添加垂直参考线的方法。
- 掌握在图形中添加相应控件以控制相关量的变化。

【实验内容】
利用 Excel 建立基本的经济订货量模型。假设波音公司需要采购某零件,全年需求量为 20000,每次订货的订货成本为 500 元,单件零件在仓库里储存一年的费用为 30 元。要求:

1. 计算当订货量为 800 时的年订货成本、年储存成本和年总成本。
2. 计算经济订货量(EOQ)和年总成本(订储成本)的极小值。
3. 当订货量从 100 按增量 200 变化到 1900 时,绘制出随订货量变化而变化的年订货成本、年储存成本、年总成本的曲线图形(带平滑线散点图)。
4. 添加数值调节钮与文本框用于控制,当该零件年需求量从 15000 按增量 1000 变化到 30000 时,图形中的成本曲线也随之变动。
5. 在图形中添加一条经济订货量(EOQ)的动态垂直参考线,并显示年总成本极小值标记及其值(垂直参考线的最高点随运算表中的最高总成本的变化而变化)。

【操作步骤】

1. 打开"实验 7.1 经济订货量基本模型.xlsx"工作簿文件,按照基本经济订货量模型在 B6:B11 单元格区域的相应单元格中分别计算年订货成本、年储存成本、年总成本、经济订货量及经济订货量下的年总成本(年总成本的极小值),计算公式如图 7-1 所示。

第 7 章 经济订货量模型

	A	B
1	年需求量(D)	20000
2	一次订货的订货成本(A)	500
3	单位年储存成本(PK)	30
4		
5	订货量(Q)	800
6	年订货成本	=B1/B5*B2
7	年储存成本	=B5/2*B3
8	年总成本	=SUM(B6:B7)
9		
10	经济订货量(Q*)	=SQRT(2*B1*B2/B3)
11	Q*下的年总成本	=SQRT(2*B1*B2*B3)

图 7-1　相关成本的计算公式

2. 在 D1:G12 单元格区域中建立一维模拟运算表，模拟运算表中以订货量区域(D2:D12)为自变量，以年订货成本、年储存成本、年总成本为因变量，其中，E2:G2 单元格区域分别引用单元格 B6，B7，B8 中的公式，引用公式如图 7-2 所示，模拟运算表中的结果如图 7-3 所示。

D	E	F	G
订货量	年订货成本	年储存成本	年总成本
模拟运算表	=B6	=B7	=B8
100			
300			
500			
700			
900			
1100			
1300			
1500			
1700			
1900			

图 7-2　模拟运算表的计算公式

	A	B	C	D	E	F	G
1	年需求量(D)	20000		订货量	年订货成本	年储存成本	年总成本
2	一次订货的订货成本(A)	500		模拟运算表	12500.0	12000.0	24500.0
3	单位年储存成本(PK)	30		100	100000	1500	101500
4				300	33333.33333	4500	37833.33
5	订货量(Q)	800		500	20000	7500	27500
6	年订货成本	12500.0		700	14285.71429	10500	24785.71
7	年储存成本	12000.0		900	11111.11111	13500	24611.11
8	年总成本	24500.0		1100	9090.909091	16500	25590.91
9				1300	7692.307692	19500	27192.31
10	经济订货量(Q*)	816.5		1500	6666.666667	22500	29166.67
11	Q*下的年总成本	24494.9		1700	5882.352941	25500	31382.35
12				1900	5263.157895	28500	33763.16

图 7-3　模拟运算表的运算结果

3. 以模拟运算表中的 D3:G12 单元格区域为数据源，绘制带平滑线散点图，并更改系列名称，设置各系列线条为不同的线型，绘制的图形如图 7-4 所示(具体创建方法与系列的设置方法参考图表实验)。

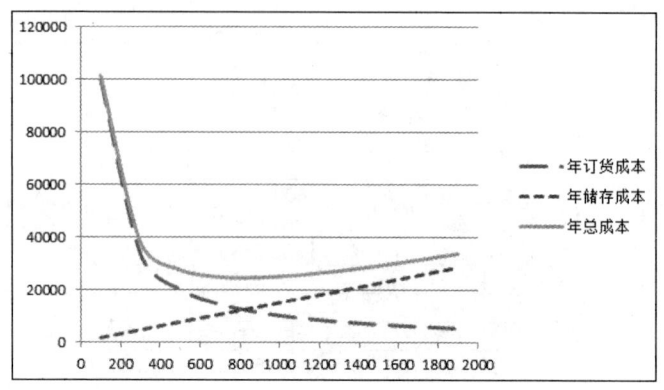

图 7-4 绘制的图形

4．添加一个数值调节钮与一个文本框，设置数值调节钮的控件属性如图 7-5 所示，文本框的内容链接到 A14 单元格，链接公式如图 7-6 所示，而 A14 单元格提供了在文本框中显示的内容，其公式如图 7-7 所示。

图 7-5 数值调节钮的控件属性设置

图 7-6 文本框链接公式

	文本框显示的值		Q*垂直参考线	
13				
14	="年需求量="&B1		=$B$10	=MAX(G3:G12)
15			=$B$10	=B11
16			=$B$10	0
17				
18				

图 7-7 文本框显示值公式与垂直参考线数据公式

5. 在垂直参考线的数据点组 D15:E17 单元格区域中输入其对应点的 X,Y 坐标值，如图 7-7 所示。在如图 7-4 所示的图表中，添加上述垂直参考线的数据系列，并设置垂直参考线数据点的格式，显示数据标记，并添加数据标签，完成结果如图 7-8 所示。

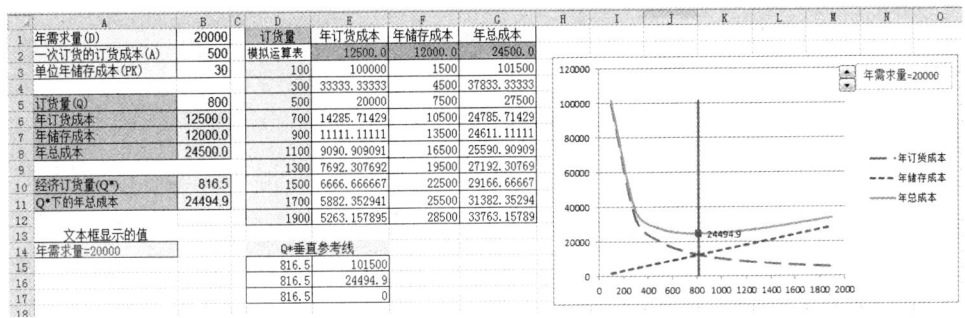

图 7-8　操作完成图

6. 单击数值调节钮的上下按钮改变年需求量，观察表格中值和图形的变化。
7. 保存工作簿。

实验 7.2　带阈限值的折扣优惠的经济订货量模型

【实验目的】
- 理解折扣阈限值的含义。
- 进一步巩固基本经济订货量模型中关于经济订货量、各种成本的运算公式。
- 掌握带阈限值的折扣优惠的经济订货量模型求解总成本最小值的方法。
- 掌握在图形中添加水平参考线的方法。

【实验内容】

佳能公司每年需要某配件 10000 件，每次订货费用为 400 元，存储费用每件配件为 20 元。假定供货单位提供给公司的折扣优惠政策条件为：每次订货量大于或等于 1500 件（折扣阈限值），则每件的采购单价在原价的基础上可以享受 8% 的优惠折扣。请依据带阈限值折扣优惠下的经济订货量模型，选择按经济订货量（不采用折扣）订货，还是按折扣阈限值订货可以使总成本最小。要求：

1. 以折扣阈限值作为实际订货量，计算"实际采购单价"的值，并求出其年订货成本、年储存成本、年采购成本和年总成本（年总成本=年采购成本+年订货成本+年储存成本）。

2. 根据基本的经济订货量模型计算经济订货量及其年订货成本、年储存成本、年采购成本和年总成本。

3. 绘制出能反映当订货量变化时的年总成本的曲线图形(带平滑线散点图, 图形有陡降效果)。

4. 在图形中使用数值调节钮与文本框控制折扣阈限值从 1000 按增量 50 变化到 2000,并修改 C3 单元格的内容,使之随控件同步变化。图形中的成本曲线也随之变动。

5. 在图形中添加一条年总成本最小值的水平参考线,并对总成本最小值进行标记且显示其值。

6. 在图形中添加一个文本框显示最终的决策:是采用经济订货量,还是接受折扣优惠,能使总成本最小。

【操作步骤】

1. 打开"实验 7.2 带阈限值的折扣优惠.xlsx"工作簿文件,按照带阈限值的折扣优惠下的经济订货量模型完成相关单元格公式的计算,计算公式如图 7-9 所示。

	A	B	C	D
9		实际采购单价	=IF(C10>=C3,C7*(1-C2),C7)	
10		实际订货量(Q)	=C3	
11		年订货成本	=C4*C5/C10	
12		年储存成本	=C6*C10/2	
13		年采购成本	=C4*C9	
14		年总成本	=SUM(C11:C13)	
15				
16		经济订货量(Q*)	=SQRT(2*C4*C5/C6)	
17		Q*下的年订货成本	=C4*C5/C16	
18		Q*下的年储存成本	=C6*C16/2	
19		Q*下的年采购成本	=C4*IF(C16>=C3,C7*(1-C2),C7)	
20		Q*下的年总成本	=SUM(C17:C19)	
21				

图 7-9 相关单元格的计算公式

2. 在 F1:G15 单元格区域中建立以订货量为自变量,以年总成本为因变量的一维模拟运算表。为了实现图形中在折扣阈限值处有成本陡降的效果,在 F12 单元格中要给出一个比折扣阈限值(C3)小一点的数,使其不符合折扣优惠的条件,因此 F12 单元格使用公式"=C3-0.001";而在 F13 单元格中直接引用折扣阈限值(C3 单元格的值),刚好享受优惠折扣价。这样计算出的总成本就会有明显的不同,反映在图形中就会有陡降的效果。另外,G2 单元格引用单元格 C14 中的公式 (=C14),模拟运算表中的结果如图 7-10 所示。

	E	F	G
1		实际订货量(Q)	年总成本
2		一维模拟运算表	55400.00
3		100	86000.00
4		200	67000.00
5		300	61333.33
6		400	59000.00
7		500	58000.00
8		600	57666.67
9		700	57714.29
10		800	58000.00
11		900	58444.44
12		1000	58999.99
13		1000	55400.00
14		2500	68000.00
15		3000	72733.33

图 7-10　模拟运算表的运算结果

3．以模拟运算表中的 F3:G15 单元格区域为数据源，绘制带平滑线散点图，为了实现陡降效果，要去掉系列的平滑线效果（设置数据系列格式，去除平滑线，如图 7-11 所示）。绘制的图形如图 7-12 所示。

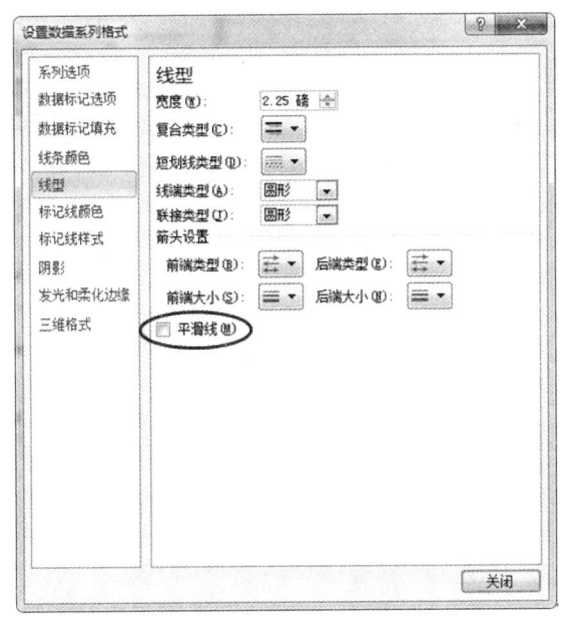

图 7-11　设置数据库系列格式

4．添加一个数值调节钮与一个文本框，设置数值调节钮的控件属性如图 7-13 所示，文本框的内容链接到 B24 单元格，而 B24 单元格提供了在文本框中显示的内容，其公式如图 7-14 所示。

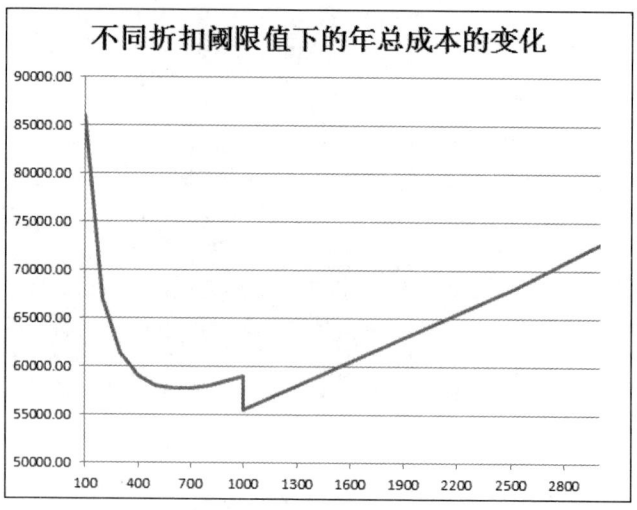

图 7-12 绘制的图形

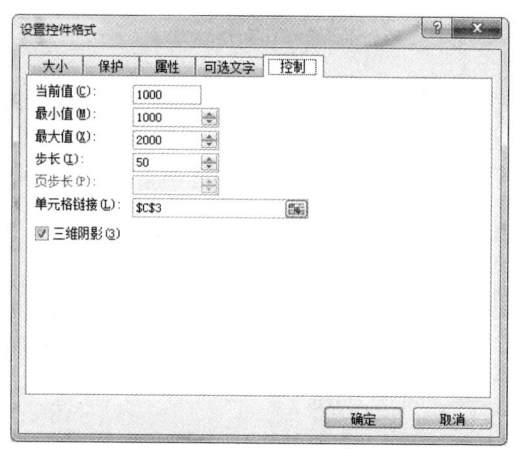

图 7-13 数值调节钮的控件属性设置

23	文本框显示的内容
24	="折扣阈限值="&C3
25	最终的决策
26	=IF(C20<=C14,"采用经济订货量,不接受折扣优惠","接受折扣优惠,不采用经济订货量")

图 7-14 文本框显示值的公式与最终决策文本框显示值的公式

5. 在水平参考线的数据点组 F18:G20 单元格区域中输入其对应点的 X,Y 坐标值，如图 7-15 所示。在图 7-12 所示的图表中，添加上述水平参考线的数据系列，并设置水平参考线数据点的格式，显示数据标记，添加数据标签，完成结果如图 7-16 所示。

第 7 章　经济订货量模型

水平参考线	
100	=MIN($C$14,$C$20)
=IF(C20<=C14,C16,C10)	=MIN($C$14,$C$20)
3000	=MIN($C$14,$C$20)

图 7-15　水平参考线数据点公式

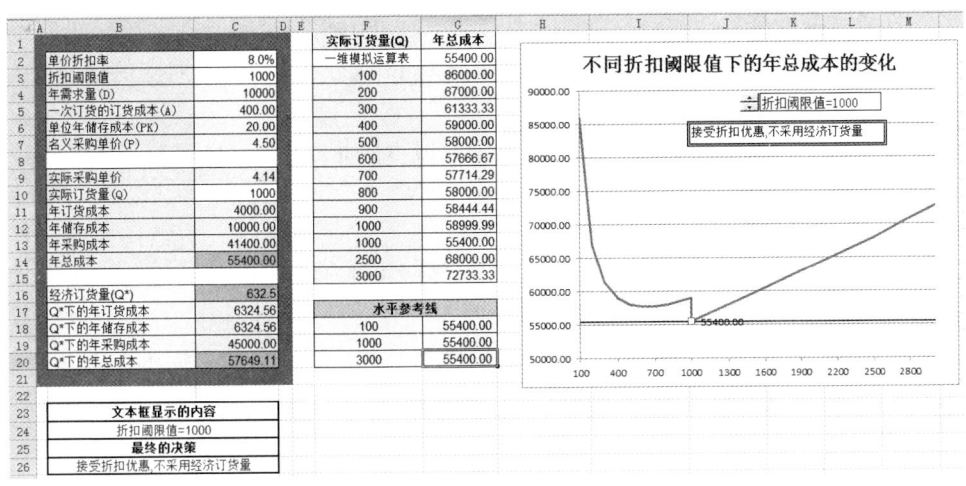

图 7-16　操作完成图

6. 单击数值调节钮的上下按钮改变折扣阈限值，观察表格中值和图形的变化。

7. 保存工作簿。

实验 7.3　非连续价格的折扣优惠的经济订货量模型

【实验目的】
- 理解非连续价格的折扣优惠的含义。
- 掌握非连续价格的折扣优惠的经济订货量模型求解总成本最小值的方法。

【实验内容】

索尼公司每年需要某零件 25000 件，每次订货费用为 700 元，存储费用是零件单价的 15%。供货商规定：凡一次性购买零件数在 2000 件以下的，零件价格为 10 元/件；一次性购买零件数在 2000 件或 2000 件以上，但在 4000 件以下的，所购零件的整体价格为 9 元/件；一次性购买零件数在 4000 件或 4000 件以上，但在 6000 件以下的，所购零件的整体价格为 8 元/件；一次性购买零件数在 6000 件或 6000 件以上的，所购零件的整体价格为 7 元/件。问索尼公司应该如何订货才能保证总存货费用最小？

要求：

1. 假设订货量为 2000 时，计算"实际采购单价"的值，并求出其年总存货费用(年总存货费用=年采购费用+年订货费用+年储存费用)。

2. 根据基本的经济订货量模型，求不同单价折扣价下的经济订货量，判断各经济订货量是否有效，并求有效经济订货量(Q^*)下对应的总存货费用 C。求解不同折扣起点批量下的总存货费用 C'，并求出 C 和 C'的最小值及其对应的订货量。

3. 求出无需求限制的最优订货量。

4. 绘制出能随订货量变化而变化的年总成本的曲线图形，要求绘制带平滑线散点图。

5. 在图形中使用数值调节钮与文本框控制年存储费率(K)值从 10% 按增量 1% 变化到 15%，并修改 B9 单元格的内容，使之随控件同步变化。图形中的成本曲线也随之变动。

6. 在图形中添加一条最优订货量下的垂直参考线，并对总成本极小值进行标记且显示其值。

【操作步骤】

1. 打开工作簿文件"实验 7.3 非连续价格的折扣优惠.xlsx"，在工作表中建立非连续价格的折扣优惠模型，并在相应单元格中输入已知的条件信息，如图 7-17 所示。

	A	B	C	D	E	F	G	H
1	订货量(Q)	配件单价折扣价(P)						
2	1	10						
3	2000	9						
4	4000	8						
5	6000	7						
6								
7	年需求量(件)(D)	25000						
8	每次订货费用(A)	700						
9	年存储费率(K)	15%						
10								
11	订货量(Q)	2000						
12	对应的配件单价折扣价							
13	总存货费用							
14								
15	订货量(Q)	配件单价折扣价(P)	不同单价折扣价下的经济订货量(Q^*)	Q^*是否有效	有效Q^*下的总存货费用C	折扣起点批量下的总存货费用C'	C和C'的最小值	最小总存货费用对应的订货量
16	1	10						
17	2000	9						
18	4000	8						
19	6000	7						
20								
21	无需求量限制的最优订货量							
22								
23	文本框显示内容							
24								
25	最优订货量下的总存货费用垂直参考线							

图 7-17 非连续价格的折扣优惠经济订货量分析模型

2. 使用 VLOOKUP()函数计算"实际采购单价"的值，并求出其年总存货费用，公式如图 7-18 所示。

	A	B
11	订货量(Q)	2000
12	对应的配件单价折扣价	=VLOOKUP(B11,A2:B5,2)
13	总存货费用	=B7*B12+B7/B11*B8+B11/2*B12*B9

图 7-18 相关单元格的计算公式

3. 按照非连续价格的折扣优惠模型确定最优解的决策步骤，计算不同折扣价下的经济订货量，判断其有效性，并求出有效 Q^* 下的总存货费用 C，所有折扣起点批量下的总存货费用 C'，C 与 C' 的最小值，最小值对应的订货量。并根据所求数据进一步求解无需求量限制的最优订货量及订货量的最优解。相关单元格的计算公式如图 7-19 和图 7-20 所示。

不同单价折扣价下的经济订货量(Q*)	Q*是否有效	有效Q*下的总存货费用C
=SQRT(2*$B$7*$B$8/(B2*$B$9))	=IF(AND(C16>=A2,C16<A3),"有效","无效")	=IF(D16="有效",$B$7*B16+$B$7*C16*$B$8+C16/2*B16*$B$9,"无效")
=SQRT(2*$B$7*$B$8/(B3*$B$9))	=IF(AND(C17>=A3,C17<A4),"有效","无效")	=IF(D17="有效",$B$7*B17+$B$7*C17*$B$8+C17/2*B17*$B$9,"无效")
=SQRT(2*$B$7*$B$8/(B4*$B$9))	=IF(AND(C18>=A4,C18<A5),"有效","无效")	=IF(D18="有效",$B$7*B18+$B$7*C18*$B$8+C18/2*B18*$B$9,"无效")
=SQRT(2*$B$7*$B$8/(B5*$B$9))	=IF(C19>=A5,"有效","无效")	=IF(D19="有效",$B$7*B19+$B$7*C19*$B$8+C19/2*B19*$B$9,"无效")

图 7-19　相关单元格的计算公式

折扣起点批量下的总存货费用C'	C和C'的最小值	最小总存货费用对应的订货量
=$B$7*B16+$B$7/A16*$B$8+A16/2*B16*$B$9	=IF(D16="有效",MIN(E16:F16),F16)	=IF(G16=F16,A16,C16)
=$B$7*B17+$B$7/A17*$B$8+A17/2*B17*$B$9	=IF(D17="有效",MIN(E17:F17),F17)	=IF(G17=F17,A17,C17)
=$B$7*B18+$B$7/A18*$B$8+A18/2*B18*$B$9	=IF(D18="有效",MIN(E18:F18),F18)	=IF(G18=F18,A18,C18)
=$B$7*B19+$B$7/A19*$B$8+A19/2*B19*$B$9	=IF(D19="有效",MIN(E19:F19),F19)	=IF(G19=F19,A19,C19)

图 7-20　相关单元格的计算公式

4. 求无需求限制的最优订货量的公式为：
=INDEX(H16:H19,MATCH(MIN(G16:G19),G16:G19,0))

5. 在 B30:C48 单元格区域中建立以订货量为自变量，以年总成本为因变量的一维模拟运算表。其中，C31 单元格引用单元格 B13 中的公式，模拟运算表中的结果如图 7-21 所示。

	B	C
30	订货量(Q)	总存货费用
31	模拟运算表	235100
32	1000	268250
33	1500	262792
34	2000	235100
35	2500	233688
36	3000	232858
37	3500	232363
38	4000	206775
39	4500	206589
40	5000	206500
41	5500	206482
42	6000	181067
43	6300	181085
44	6600	181117
45	6900	181159
46	7200	181211
47	7500	181271
48	7800	181339

图 7-21　模拟运算表的运算结果

6. 以模拟运算表中的 B32:C48 单元格区域为数据源，绘制带平滑线散点图，绘制的图形如图 7-22 所示。

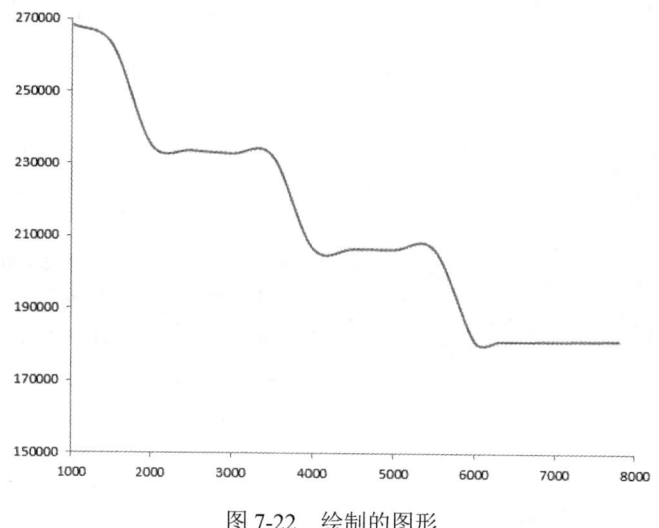

图 7-22 绘制的图形

7. 添加一个数值调节钮与一个文本框，设置数值调节钮的控件属性如图 7-23 所示，B9 单元格的公式为 "=C9%"，文本框的内容链接到 B23 单元格，而 B23 单元格提供文本框中的内容，其公式如图 7-24 所示。

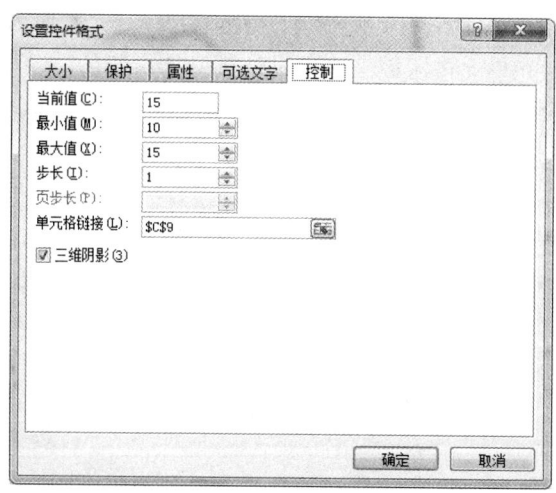

图 7-23 数值调节钮的控件属性设置

图 7-24 文本框显示值的公式与参考线数据点公式

8．在垂直参考线的数据点组 A26:B28 单元格区域中输入其对应点的 X,Y 坐标公式，如图 7-24 所示。在如图 7-22 所示的图表中，添加上述垂直参考线的数据系列，并设置参考线数据点的格式，显示数据标记，添加数据标签，完成结果如图 7-25、图 7-26 所示。

	A	B	C	D	E	F	G	H
1	订货量(Q)	配件单价折扣价(P)						
2	1	10						
3	2000	9						
4	4000	8						
5	6000	7						
6								
7	年需求量(件)(D)	25000						
8	每次订货费用(A)	700						
9	年存储费率(K)	15%	15					
10								
11	订货量	2000						
12	对应的配件单价折扣价	9						
13	总存货费用	235100						
14								
15	订货量(Q)	配件单价折扣价(P)	不同单价折扣价下的经济订货量(Q*)	Q*是否有效	有效Q*下的总存货费用C	折扣起点批量下的总存货费用C'	C和C'的最小值	最小总存货费用对应的订货量
16	1	10	4830	无效	无效	17750001	17750001	1
17	2000	9	5092	无效	无效	235100	235100	2000
18	4000	8	5401	有效	206481	206775	206481	5401
19	6000	7	5774	无效	无效	181067	181067	6000
20								
21	无需求量限制的最优订货量	6000						
22								
23	文本框显示内容	年存储费率(K)=15%						
24								
25	最优订货量下的总存货费用垂直参考线							
26	6000	270000						
27	6000	181067						
28	6000	150000						

图 7-25　操作完成图 1

订货量(Q)	总存货费用
模拟运算表	235100
1000	268250
1500	262792
2000	235100
2500	233688
3000	232858
3500	232363
4000	206775
4500	206589
5000	206500
5500	206482
6000	181067
6300	181085
6600	181117
6900	181159
7200	181211
7500	181271
7800	181339

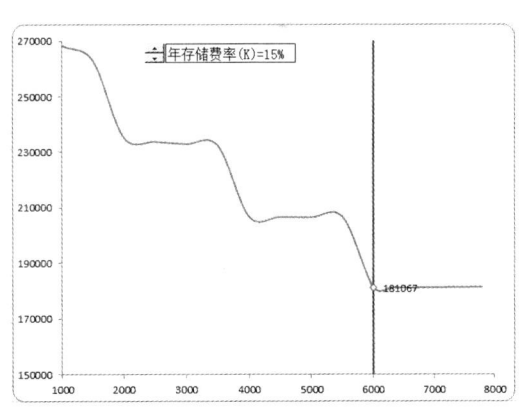

图 7-26　操作完成图 2

9．单击数值调节钮的上下按钮改变年存储费率，观察表格中值和图形的变化。

10．保存工作簿。

第 8 章 最优化模型

实验 8.1 运输问题

【实验目的】
- 理解规划求解的概念。
- 掌握在 Excel 中建立运输问题表格模型的方法。
- 掌握利用规划求解工具求解运输问题的方法与步骤。

【实验内容】

某花生生产企业有三个仓库储存花生：仓库 1、仓库 2 和仓库 3，该企业长期向三家花生油生产厂（花生油厂 A、花生油厂 B 和花生油厂 C）供应花生。从三个仓库向三家花生油厂运送花生的单位运费、每个仓库的月储存量、各家花生油厂月需求量如表 8-1 所示。

请为该企业制订一个运输方案，如何安排各仓库到各花生油厂的运货量，使得总运费最低。

要求：将规划求解模型参数保存在 A2 开始的单元格区域中。

表 8-1 单位运费、仓库月储存量和花生油厂月需求量

单位运费（元/吨）	花生油厂 A	花生油厂 B	花生油厂 C	储存量（吨）
仓库 1	70	60	30	300
仓库 2	60	80	20	280
仓库 3	65	70	40	310
需求量（吨）	250	320	290	

【操作步骤】

1. 首先根据表 8-1 中的数据建立相应的 Excel 模型，如图 8-1 所示。
2. 分析出模型中规划求解的三个基本要素，在需要计算的单元格中填写相应的公式。

题目是求解如何安排各仓库到各花生油厂的运货量，所以决策变量为各仓库向各花生油厂的具体运输方案，即 C8:E10 单元格区域。

F8 单元格的计算公式为：=SUM(C8:E8)

F9 单元格的计算公式为：=SUM(C9:E9)

F10 单元格的计算公式为：=SUM(C10:E10)

C11 单元格的计算公式为：=SUM(C8:C10)

D11 单元格的计算公式为：=SUM(D8:D10)

E11 单元格的计算公式为：=SUM(E8:E10)

目标变量为总运费，即 C13 单元格，其计算公式为：=SUMPRODUCT(C3:E5, C8:E10)。

	A	B	C	D	E	F	G
1							
2		单位运费（元/吨）	花生油厂A	花生油厂B	花生油厂C		
3		仓库1	70	60	30		
4		仓库2	60	80	20		
5		仓库3	65	70	40		
6							
7		运货量（吨）	花生油厂A	花生油厂B	花生油厂C	实际供应量（吨）	储存量（吨）
8		仓库1					300
9		仓库2					280
10		仓库3					310
11		收货量（吨）					
12		需求量（吨）	250	320	290		
13		总运费（元）					

图 8-1 实验 8.1 的 Excel 模型

3．在 Excel 的"数据"选项卡的"分析"组中单击"规划求解"按钮，弹出"规划求解参数"对话框。

(1)在"设置目标"文本框中输入 C13 单元格地址，选择"最小值"。

(2)在"通过更改可变单元格"文本框中输入 C8:E10。

(3)单击"添加"按钮，在"添加约束"对话框中添加以下约束条件：

➤ 各仓库实际供应量不超过该仓库储存量

F8:F10<=G8:G10

➤ 各家花生油厂的收货量满足其需求量

C11:E11=C12:E12

➤ 运输量不能为负数

C8:E10>=0

(4)在"选择求解方法"组合框中选择"单纯线性规划"求解方式。

实验 8.1 的参数设置如图 8-2 所示。

4．在"规划求解参数"对话框中单击"装入/保存"按钮，在弹出的如图 8-3 所示的"装入/保存模型"对话框中输入 A2，单击"保存"按钮，返回"规划求解参数"对话框。

5．单击"求解"按钮，得出如图 8-4 所示的求解结果。

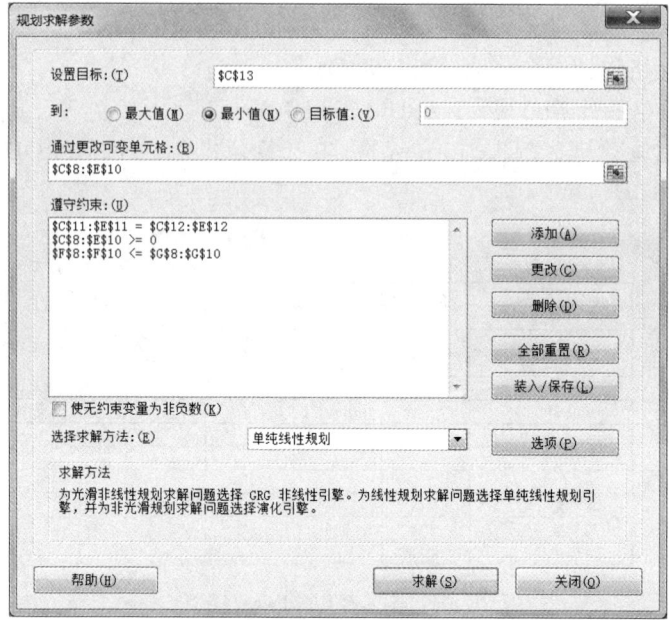

图 8-2　实验 8.1 的参数设置

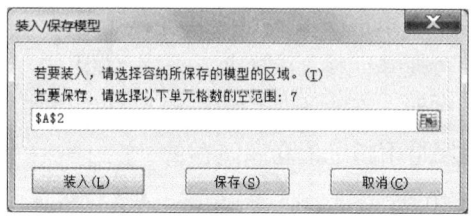

图 8-3　"装入/保存模型"对话框

	A	B	C	D	E	F	G
1							
2	41650	单位运费（元/吨）	花生油厂A	花生油厂B	花生油厂C		
3	9	仓库1	70	60	30		
4	TRUE	仓库2	60	80	20		
5	TRUE	仓库3	65	70	40		
6	TRUE						
7	32767	运货量（吨）	花生油厂A	花生油厂B	花生油厂C	实际供应量（吨）	储存量（吨）
8	0	仓库1	0	300	0	300	300
9		仓库2	0	0	280	280	280
10		仓库3	250	20	10	280	310
11		收货量（吨）	250	320	290		
12		需求量（吨）	250	320	290		
13		总运费（元）	41650				

图 8-4　实验 8.1 的规划求解结果

实验 8.2　选 址 问 题

【实验目的】

- 掌握在 Excel 中建立选址问题表格模型的方法。
- 掌握利用规划求解工具求解选址问题的方法与步骤。

【实验内容】

某石油公司计划在某市建设加油站，目前有六个建设加油站的合适位置（A1～A6），每个位置的预计建设费用和利润如表 8-2 所示。

建设加油站有以下几个条件：

- 条件 1：总建设费用不超过 450 万元。
- 条件 2：位置 A2、A3、A4、A5 四个位置中最多选 2 个。
- 条件 3：位置 A1、A2、A6 三个位置中最少选 1 个。
- 条件 4：位置 A1、A4 两个位置中最多选 1 个。

问在这六个位置中选择哪几个位置建设加油站，能使总利润最大？

要求：将规划求解模型参数保存在 A2 开始的单元格区域中。

表 8-2　每个位置的预计建设费用和利润

项目＼位置	A1	A2	A3	A4	A5	A6
建设费用（万元）	90	100	80	110	95	105
利润（万元）	50	60	55	70	65	75

【操作步骤】

1．首先根据表 8-2 中的数据建立相应的 Excel 模型，如图 8-5 所示。

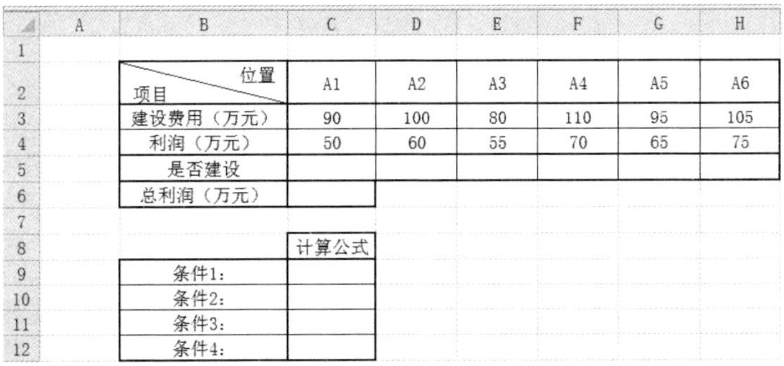

	A	B	C	D	E	F	G	H
1								
2		项目＼位置	A1	A2	A3	A4	A5	A6
3		建设费用（万元）	90	100	80	110	95	105
4		利润（万元）	50	60	55	70	65	75
5		是否建设						
6		总利润（万元）						
7								
8			计算公式					
9		条件1:						
10		条件2:						
11		条件3:						
12		条件4:						

图 8-5　实验 8.2 的 Excel 模型

2．分析出模型中规划求解的三个基本要素，在需要计算的单元格中填写相应的公式。

题目是在这六个位置中选择哪几个位置建设加油站，所以决策变量是每个位置是否建设的具体方案，即 C5:H5 单元格区域。

➢ 条件1：

C9 单元格计算总的建设费用，公式为：=SUMPRODUCT(C3:H3,C5:H5)。

➢ 条件2：

C10 单元格计算 A2、A3、A4、A5 四个位置的建设数目总和，公式为：=SUM(D5:G5)。

➢ 条件3：

C11 单元格计算 A1、A2、A6 三个位置的建设数目总和，公式为：=C5+D5+H5。

➢ 条件4：

C12 单元格计算 A1、A4 两个位置的建设数目总和，公式为：=C5+F5。

目标变量为总利润，即 C6 单元格，其计算公式为：=SUMPRODUCT(C4:H4,C5:H5)。

3. 在 Excel 的"数据"选项卡的"分析"组中单击"规划求解"按钮，弹出"规划求解参数"对话框。

(1) 在"设置目标"文本框中输入 C6 单元格地址，选择"最大值"。

(2) 在"通过更改可变单元格"文本框中输入 C5:H5。

(3) 单击"添加"按钮，在"添加约束"对话框中添加以下约束条件：

➢ 条件1：总建设费用不超过 450 万元。

C9<=450

➢ 条件2：位置 A2、A3、A4、A5 四个位置中最多选 2 个。

C10<=2

➢ 条件3：位置 A1、A2、A6 三个位置中最少选 1 个。

C11>=1

➢ 条件4：位置 A1、A4 两个位置中最多选 1 个。

C12<=1

➢ 是否建设的求解结果总为 0 或 1。

C5:H5=二进制

(4) 在"选择求解方法"组合框中选择"单纯线性规划"求解方式。

实验 8.2 的参数设置如图 8-6 所示。

4. 在"规划求解参数"对话框中单击"装入/保存"按钮，在弹出的如图 8-7 所示的"装入/保存模型"对话框中输入 A2，单击"保存"按钮，返回"规划求解参数"对话框。

第 8 章 最优化模型

图 8-6 实验 8.2 的参数设置

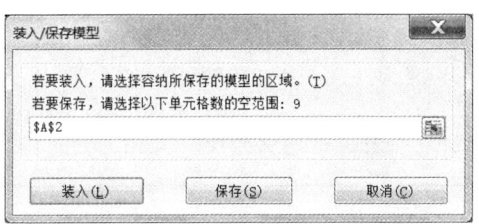

图 8-7 "装入/保存模型"对话框

5．单击"求解"按钮，得出如图 8-8 所示的求解结果。

	A	B	C	D	E	F	G	H
1			位置	A1	A2	A3	A4	A5	A6
2	250	项目						
3	6	建设费用（万元）	90	100	80	110	95	105
4	TRUE	利润（万元）	50	60	55	70	65	75
5	TRUE	是否投资	1	1	0	0	1	1
6	TRUE	总利润（万元）	250					
7	TRUE							
8	TRUE		计算公式					
9	32767	条件1:	390					
10	0	条件2:	2					
11		条件3:	3					
12		条件4:	1					

图 8-8 实验 8.2 的规划求解结果

实验 8.3 指 派 问 题

【实验目的】

- 掌握在 Excel 中建立指派问题表格模型的方法。
- 掌握利用规划求解工具求解指派问题的方法与步骤。

【实验内容】

某研究所接收到五项开发任务(任务 1～任务 5)，现研究所中有四位开发人员(甲、乙、丙、丁)适合这五项任务的开发工作。由于每位人员的开发能力不同，甲和丁最多只能承担一项任务；乙最多可以承担两项任务；丙的开发能力较强，最多可以承担三项任务。每一个任务只能由一位开发人员承担。每位开发人员开发不同任务所需的开发成本如表 8-3 所示。

问如何为五个任务分配开发人员，能使总开发成本最低？

要求：将规划求解模型参数保存在 A2 开始的单元格区域中。

表 8-3 每位开发人员开发不同任务所需的开发成本

开发成本(万元)	任务 1	任务 2	任务 3	任务 4	任务 5
甲	8	10	7	6	9
乙	9	8	9	10	8
丙	10	9	8	7	8
丁	7	9	7	8	10

【操作步骤】

1．首先根据表 8-3 中的数据建立相应的 Excel 模型，如图 8-9 所示。

	A	B	C	D	E	F	G	H
1								
2		开发成本(万元)	任务1	任务2	任务3	任务4	任务5	
3		甲	8	10	7	6	9	
4		乙	9	8	9	10	8	
5		丙	10	9	8	7	8	
6		丁	7	9	7	8	10	
7								
8		任务分配	任务1	任务2	任务3	任务4	任务5	接受任务数
9		甲						
10		乙						
11		丙						
12		丁						
13		分配人员数						
14		总开发成本(万元)						

图 8-9 实验 8.3 的 Excel 模型

2. 分析出模型中规划求解的三个基本要素，在需要计算的单元格中填写相应的公式。

题目是如何为五个任务分配开发人员，所以决策变量是为每个任务分配哪一位开发人员的，即 C9:G12 单元格区域。

H9 单元格计算公式为：=SUM(C9:G9)。
H10 单元格计算公式为：=SUM(C10:G10)。
H11 单元格计算公式为：=SUM(C11:G11)。
H12 单元格计算公式为：=SUM(C12:G12)。
C13 单元格计算公式为：=SUM(C9:C12)。
D13 单元格计算公式为：=SUM(D9:D12)。
E13 单元格计算公式为：=SUM(E9:E12)。
F13 单元格计算公式为：=SUM(F9:F12)。
G13 单元格计算公式为：=SUM(G9:G12)。

目标变量为总开发成本，即 C14 单元格，其计算公式为：=SUMPRODUCT(C3:G6,C9:G12)。

3. 在 Excel 的"数据"选项卡的"分析"组中单击"规划求解"按钮，弹出"规划求解参数"对话框。

(1) 在"设置目标"文本框中输入 C14 单元格地址，选择"最小值"。
(2) 在"通过更改可变单元格"文本框中输入 C9:G12。
(3) 单击"添加"按钮，在"添加约束"对话框中添加以下约束条件：
➢ 甲最多只能承担一项任务。
   H9<=1
➢ 乙最多可以承担两项任务。
   H10<=2
➢ 丙的开发能力较强，最多可以承担三项任务。
   H11<=3
➢ 丁最多只能承担一项任务。
   H12<=1
➢ 每一个任务只能由一位开发人员承担。
   C13:G13=1
➢ 为每一项任务分配开发人员的结果数据总是为 0 或 1。
   C9:G12 =二进制

(4) 在"选择求解方法"组合框中选择"单纯线性规划"求解方式。

实验 8.3 的参数设置如图 8-10 所示。

4. 在"规划求解参数"对话框中单击"装入/保存"按钮，在弹出的如图 8-11 所示的"装入/保存模型"对话框中输入 A2，单击"保存"按钮，返回"规划求解参数"对话框。

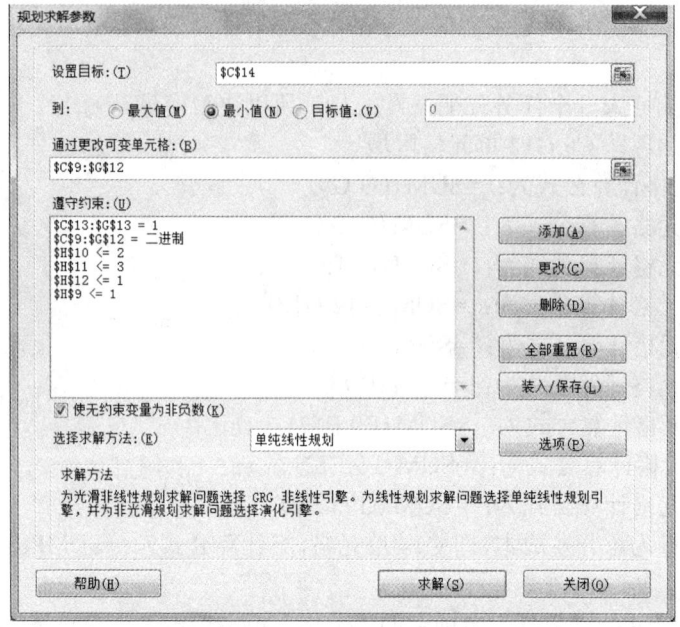

图 8-10　实验 8.3 的参数设置对话框

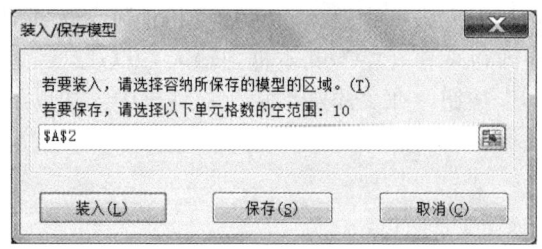

图 8-11　"装入/保存模型"对话框

5. 单击"求解"按钮，得出如图 8-12 所示的求解结果。

	A	B	C	D	E	F	G	H
1								
2	37	开发成本(万元)	任务1	任务2	任务3	任务4	任务5	
3	20	甲	8	10	7	6	9	
4	TRUE	乙	9	8	9	10	8	
5	TRUE	丙	10	9	8	7	8	
6	TRUE	丁	7	9	7	8	10	
7	TRUE							
8	TRUE	任务分配	任务1	任务2	任务3	任务4	任务5	接受任务数
9	TRUE	甲	0	0	0	1	0	1
10	32767	乙	0	1	0	0	0	1
11	0	丙	0	0	1	0	1	2
12		丁	1	0	0	0	0	1
13		分配人员数	1	1	1	1	1	
14		总开发成本(万元)	37					

图 8-12　实验 8.3 的规划求解结果

实验 8.4　生　产　问　题

【实验目的】

- 掌握在 Excel 中建立生产问题表格模型的方法。
- 掌握利用规划求解工具求解生产问题的方法与步骤。

【实验内容】

某工厂利用一种原材料经不同工艺，可生产出四种产品：产品 A、产品 B、产品 C 和产品 D，这四种产品的消耗原料量、生产时间、单位利润和每月最低需求量如表 8-4 所示。该工厂每月的原料供应量限制在 1 600 公斤，每月的生产时间限制在 1 800 小时。假设该工厂生产的产品都能销售出去。则该工厂应如何安排生产，才能使每月的总利润最大？

要求：安排生产时，生产量为整数，并将规划求解模型参数保存在 A2 开始的单元格区域中。

表 8-4　每种产品的生产数据和月限制量

项目＼产品	产品 A	产品 B	产品 C	产品 D	月限制量
消耗原料量(公斤/件)	3	2	4	3	1600(公斤)
生产时间(小时/件)	4	4	3	3	1800(小时)
单位利润(元/件)	150	140	130	120	
每月最低需求量(件)	80	90	100	80	

【操作步骤】

1．首先根据表 8-4 中的数据建立相应的 Excel 模型，如图 8-13 所示。

	A	B	C	D	E	F	G	H
1								
2		项目＼产品	产品A	产品B	产品C	产品D	月实际消耗量	月限制量
3		消耗原料量（公斤/件）	3	2	4	3		1600
4		生产时间（小时/件）	4	4	3	3		1800
5		单位利润（元/件）	150	140	130	120		
6		每月最低需求量（件）	80	90	100	80		
7		生产安排（件）						
8		每月总利润（元）						

图 8-13　实验 8.4 的 Excel 模型

2．分析出模型中规划求解的三个基本要素，在需要计算的单元格中填写相应的公式。

题目求解该工厂的生产安排计划，所以决策变量是每种产品每月计划生产多少件，即 C7:F7 单元格区域。

G3 单元格计算公式为：=SUMPRODUCT(C3:F3,C7:F7)。

G4 单元格计算公式为：=SUMPRODUCT(C4:F4,C7:F7)。

目标变量为总利润，即 C8 单元格，其计算公式为：=SUMPRODUCT(C5:F5,C7:F7)。

3．在 Excel 的"数据"选项卡的"分析"组中单击"规划求解"按钮，弹出"规划求解参数"对话框。

(1) 在"设置目标"文本框中输入 C8 单元格地址，选择"最大值"。

(2) 在"通过更改可变单元格"文本框中输入 C7:F7。

(3) 单击"添加"按钮，在"添加约束"对话框中添加以下约束条件：

➢ 每月消耗的总的原料量和生产时间不超出限制值。

   G3:G4<=H3:H4

➢ 每种产品每月的生产量不小于该产品每月的最低需求量。

   C7:F7>=C6:F6

➢ 每月的生产安排量为整数。

   C7:F7=整数

(4) 在"选择求解方法"组合框中选择"单纯线性规划"求解方式。

实验 8.4 的参数设置如图 8-14 所示。

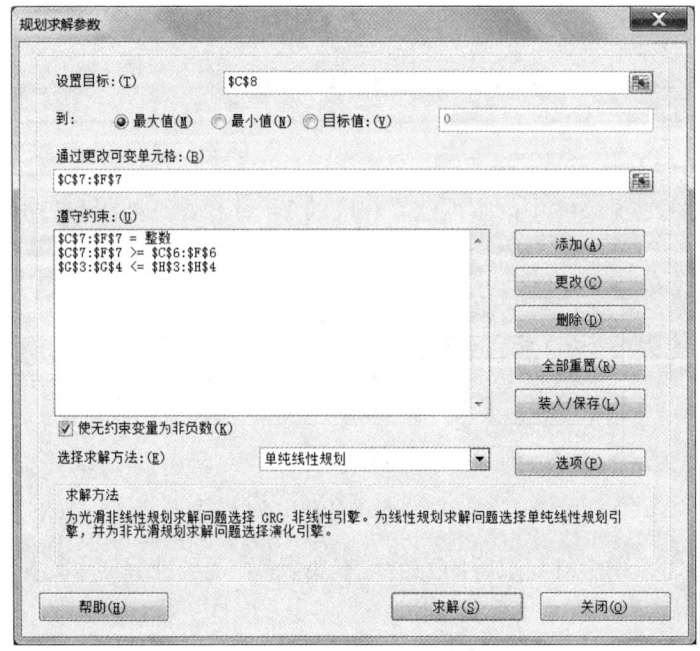

图 8-14　实验 8.4 的参数设置对话框

4. 在"规划求解参数"对话框中单击"装入/保存"按钮,在弹出的如图 8-15 所示的"装入/保存模型"对话框中输入 A2,单击"保存"按钮,返回"规划求解参数"对话框。

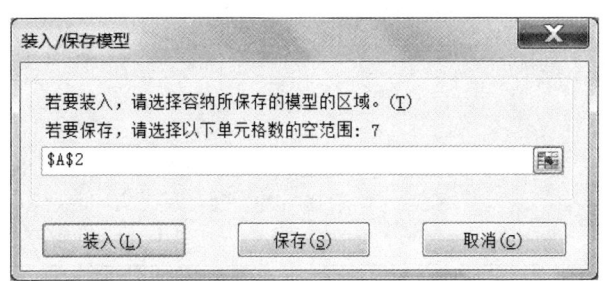

图 8-15 "装入/保存模型"对话框

5. 单击"求解"按钮,得出如图 8-16 所示的求解结果。

	A	B	C	D	E	F	G	H
1								
2	70000	产品 项目	产品A	产品B	产品C	产品D	月实际消耗量	月限制量
3	4	消耗原料量(公斤/件)	3	2	4	3	1600	1600
4	TRUE	生产时间(小时/件)	4	4	3	3	1800	1800
5	TRUE	单位利润(元/件)	150	140	130	120		
6	TRUE	每月最低需求量(件)	80	90	100	80		
7	32767	生产安排(件)	180	90	160	80		
8	0	每月总利润(元)	70000					

图 8-16 实验 8.4 的规划求解结果

实验 8.5 原料配比问题

【实验目的】
- 掌握在 Excel 中建立原料配比问题表格模型的方法。
- 掌握利用规划求解工具求解原料配比问题的方法与步骤。

【实验内容】
某电子垃圾回收处理企业从回收的废旧电脑主板、手机废料和废旧家用电器等电子垃圾中提炼金、银等金属,各种电子垃圾每吨中金、银的提炼量和各种电子垃圾的价格如表 8-5 所示。现需要提炼出金属金 40 000 克和金属银 90 000 克,则该企业应如何购买各种电子垃圾,在正好满足需求量的基础上使总费用最小?

要求:各种电子垃圾的采购量为整数,并将规划求解模型参数保存在 A2 开始的单元格区域中。

表 8-5　每种电子垃圾的提炼量和价格及金银需求量

提炼量（克/吨）	电脑主板	手机废料	家用电器	需求量（克）
金	400	300	200	40000
银	500	800	1000	90000
电子垃圾价格（万元/吨）	4	3.5	3	

【操作步骤】

1. 首先根据表 8-5 中的数据建立相应的 Excel 模型，如图 8-17 所示。

	A	B	C	D	E	F	G
1							
2		提炼量（克/吨）	电脑主板	手机废料	家用电器	实际提供量（克）	需求量（克）
3		金	400	300	200		40000
4		银	500	800	1000		90000
5		电子垃圾价格（万元/吨）	4	3.5	3		
6		电子垃圾采购量（吨）					
7		总费用（万元）					

图 8-17　实验 8.5 的 Excel 模型

2. 分析出模型中规划求解的三个基本要素，在需要计算的单元格中填写相应的公式。

题目求解该企业最佳的原料购买方案，所以决策变量是各种电子垃圾的采购量，即 C6:E6 单元格区域。

F3 单元格计算公式为：=SUMPRODUCT($C$6:$E$6,C3:E3)。

F4 单元格计算公式为：=SUMPRODUCT($C$6:$E$6,C4:E4)。

目标变量为总费用，即 C7 单元格，其计算公式为：=SUMPRODUCT(C6:E6,C5:E5)。

3. 在 Excel 的"数据"选项卡的"分析"组中单击"规划求解"按钮，弹出"规划求解参数"对话框。

(1) 在"设置目标"文本框中输入 C7 单元格地址，选择"最小值"。

(2) 在"通过更改可变单元格"文本框中输入 C6:E6。

(3) 单击"添加"按钮，在"添加约束"对话框中添加以下约束条件：

➢ 各种电子垃圾的采购量为整数。

　　C6:E6=整数

➢ 每种金属实际提供量等于需求量。

　　F3:F4=G3:G4

(4) 选中"使无约束变量为非负数"复选框。

(5) 在"选择求解方法"组合框中选择"单纯线性规划"求解方式。

实验 8.5 的参数设置如图 8-18 所示。

4. 在"规划求解参数"对话框中单击"装入/保存"按钮，在弹出的如图 8-19 所示的"装入/保存模型"对话框中输入 A2，单击"保存"按钮，返回"规划求解参数"对话框。

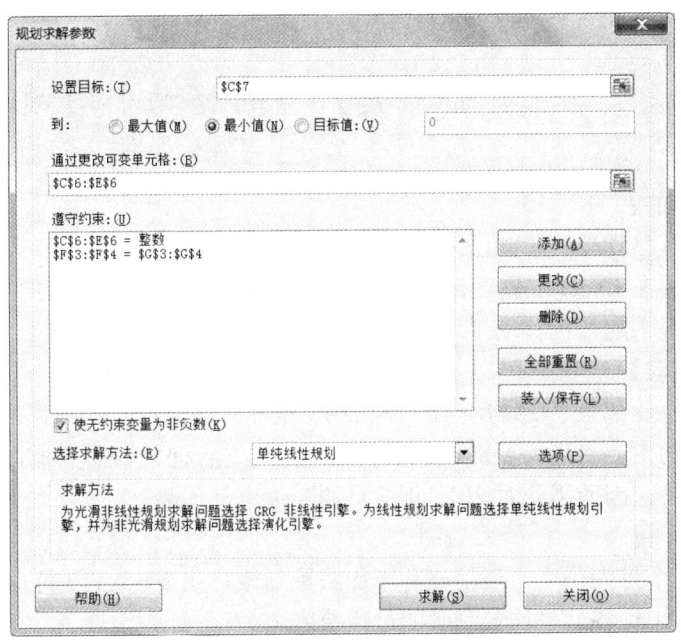

图 8-18　实验 8.5 的参数设置

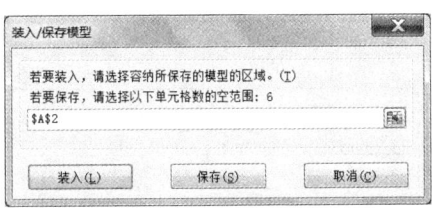

图 8-19　"装入/保存模型"对话框

5. 单击"求解"按钮，得出如图 8-20 所示的求解结果。

	A	B	C	D	E	F	G
1							
2	448	提炼量（克/吨）	电脑主板	手机废料	家用电器	实际提供量（克）	需求量（克）
3	3	金	400	300	200	40000	40000
4	TRUE	银	500	800	1000	90000	90000
5	TRUE	电子垃圾价格（万元/吨）	4	3.5	3		
6	32767	电子垃圾采购量（吨）	36	80	8		
7	0	总费用（万元）	448				

图 8-20　实验 8.5 的规划求解结果

第9章 时间序列预测

实验 9.1 某生产企业月产量的移动平均预测模型

【实验目的】
- 理解移动平均预测法的概念。
- 掌握在 Excel 中建立移动平均预测模型的方法。
- 掌握求解最优移动平均跨度的方法。

【实验内容】
某生产企业记录了 2014 年 1 月至 2015 年 6 月的月产量的数据,如表 9-1 所示。现企业的生产管理者要对该企业的生产情况进行评估,需要把握产品产量变化的总体趋势,因而需要对 2015 年 7 月的产量进行预测。

要求:
1. 以 5 个月为跨度,使用移动平均法预测该企业 2015 年 7 月份的产量。
2. 求解进行移动平均预测时的最优跨度。

表 9-1 某企业 2014 年 1 月至 2015 年 6 月的产量数据

月份	产量	月份	产量
2014 年 1 月	11307	2014 年 10 月	14828
2014 年 2 月	9826	2014 年 11 月	5311
2014 年 3 月	11776	2014 年 12 月	13480
2014 年 4 月	9117	2015 年 1 月	9038
2014 年 5 月	5146	2015 年 2 月	14256
2014 年 6 月	17841	2015 年 3 月	7612
2014 年 7 月	11302	2015 年 4 月	12968
2014 年 8 月	3415	2015 年 5 月	9236
2014 年 9 月	7253	2015 年 6 月	12014

【实验步骤】
方法一:使用 Excel 的"移动平均"分析工具进行预测

1. 新建一工作表,将表 9-1 的数据输入到工作表的 A1:B19 单元格区域中,并在 A20 单元格中输入:2015 年 7 月,即建立如图 9-1 所示的 Excel 电子表格模型。

2. 绘制该企业 2014 年 1 月至 2015 年 6 月的产量折线图(带数据标记的折线图),并添加线性趋势线(如图 9-2 所示)。具体操作如下:

第 9 章 时间序列预测

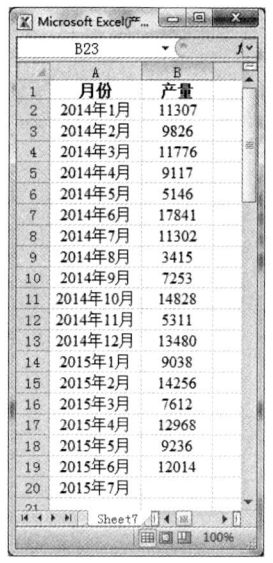

图 9-1 该企业 2014 年 1 月至 2015 年 6 月的月产量原始数据

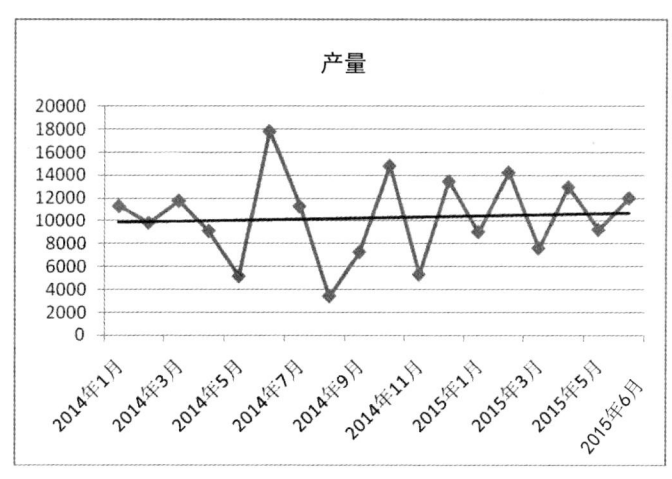

图 9-2 该企业 2014 年 1 月至 2015 年 6 月的月产量折线图

(1) 选中 A1:B19 单元格区域，在"插入"选项卡的"图表"组中单击"折线图"按钮，在打开的下拉列表中选择图表类型：带数据标记的折线图。

(2) 选中该折线图，在"图表工具"选项卡的"分析"组单击"趋势线"按钮，在打开的下拉列表中选择趋势线类型：线性趋势线。

3. 由图 9-2 可知，该企业 18 个月的月产量的时间序列数据的趋势线为近似水平线，说明此时间序列数据无趋势成分和季节成分，可以应用移动平均法或指数平滑法进行数据预测。

本实验给定的原始数据为月度数据，建议采用移动平均预测法。

4. 在 C1 和 D1 单元格中分别输入：产量移动平均预测值、标准误差。

5. 调用 Excel 的"移动平均"分析工具。

(1) 在"数据"选项卡的"分析"组中选择"数据分析"，打开"数据分析"对话框。

(2) 在该对话框中选择"移动平均"(图 9-3)，单击"确定"按钮打开"移动平均"对话框。

6. 在此对话框中做如下设置：

(1) "输入区域"中输入或选择 B2:B19 单元格区域。

(2) "间隔"中输入 5(即移动平均跨度为 5)。

(3) 在"输出区域"中输入 C3 单元格并勾选"标准误差"复选框(图 9-4)，单击"确定"按钮后，即可得到如图 9-5 所示的计算结果。

由此可得该企业 2015 年 7 月份的产量预测值为：11217。

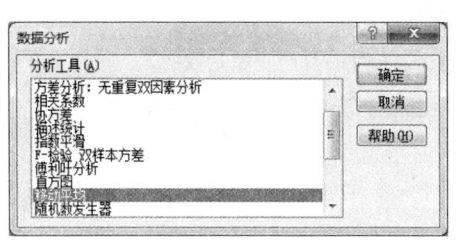

图 9-3 "数据分析"对话框

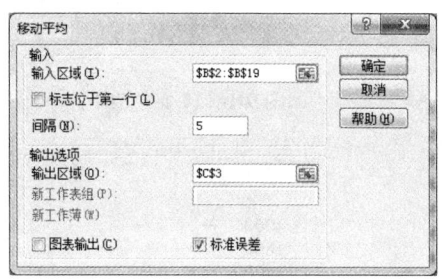

图 9-4 "移动平均"对话框及参数设置

	A	B	C	D
1	月份	产量	产量移动平均预测值	标准误差
2	2014年1月	11307		
3	2014年2月	9826	#N/A	#N/A
4	2014年3月	11776	#N/A	#N/A
5	2014年4月	9117	#N/A	#N/A
6	2014年5月	5146	#N/A	#N/A
7	2014年6月	17841	9434	#N/A
8	2014年7月	11302	10741	#N/A
9	2014年8月	3415	11036	#N/A
10	2014年9月	7253	9364	#N/A
11	2014年10月	14828	8991	4632.012638
12	2014年11月	5311	10928	4562.843376
13	2014年12月	13480	8422	3560.098916
14	2015年1月	9038	8858	4115.073835
15	2015年2月	14256	9982	3167.710551
16	2015年3月	7612	11383	3328.798101
17	2015年4月	12968	9939	3020.235513
18	2015年5月	9236	11471	2763.028521
19	2015年6月	12014	10622	1935.150419
20	2015年7月		11217	1921.903859

图 9-5 使用"移动平均"分析工具的预测结果

方法二：应用移动平均预测值计算公式进行预测

1. 新建一工作表，将表9-1的数据输入到工作表的A1:B19单元格区域中。

2. 分别在A20、C1、D1和E1单元格中输入：2015年7月、产量移动平均预测值(方法一)、产量移动平均预测值(方法二)和产量移动平均预测值(方法三)。

3. 可使用以下三种方法之一计算移动平均预测值。

(1) 使用AVERAGE()函数计算预测值。

根据移动平均跨度为5，在C7单元格中输入公式：=AVERAGE(B2:B6)，并使用填充柄复制到C8:C20单元格区域。

(2) 使用SUM()和COUNT()函数计算预测值。

根据移动平均跨度为5，在D7单元格中输入公式：=SUM(B2:B6)/COUNT(B2:B6)，并使用填充柄复制到D8:D20单元格区域。

(3) 使用简单公式计算预测值。

根据移动平均跨度为5，在E7单元格中输入公式：=(B2+B3+B4+B5+B6)/5，并使用填充柄复制到E8:E20单元格区域。

以上操作的计算结果如图9-6所示。可见，应用移动平均预测值计算公式进行计算的方法有多种，可依据问题的不同要求采用相应的方法。

	A	B	C	D	E
1	月份	产量	产量移动平均预测值(方法一)	产量移动平均预测值(方法二)	产量移动平均预测值(方法三)
2	2014年1月	11307			
3	2014年2月	9826			
4	2014年3月	11776			
5	2014年4月	9117			
6	2014年5月	5146			
7	2014年6月	17841	9434	9434	9434
8	2014年7月	11302	10741	10741	10741
9	2014年8月	3415	11036	11036	11036
10	2014年9月	7253	9364	9364	9364
11	2014年10月	14828	8991	8991	8991
12	2014年11月	5311	10928	10928	10928
13	2014年12月	13480	8422	8422	8422
14	2015年1月	9038	8858	8858	8858
15	2015年2月	14256	9982	9982	9982
16	2015年3月	7612	11383	11383	11383
17	2015年4月	12968	9939	9939	9939
18	2015年5月	9236	11471	11471	11471
19	2015年6月	12014	10622	10622	10622
20	2015年7月		11217	11217	11217

图9-6 使用移动平均预测值计算公式的计算结果

方法三：求解最优移动平均跨度进行预测

1. 新建一工作表，在该工作表中的A1单元格中输入"序号"，并在A2:A20单元格区域中依次输入1、2、3、…、19。

2. 将表9-1中的数据输入到B1:C19单元格区域中，并在B20单元格和D1单元格中分别输入"2015年7月"和"产品移动平均预测值"。

3. 在F2和F3单元格中分别输入"移动平均跨度"和"均方误差(MSE)"；

在 F5、F6 和 F7 单元格中依次分别输入"MSE 的极小值"、"查表法求解最优移动平均跨度"和"2015 年 7 月产量最优预测值"。

4. 在 G2 单元格中输入数值 3，即先设定移动平均跨度的初始值为 3。

5. 在 F9 和 F10 单元格中分别输入"一维模拟运算表求对应的 MSE"和"移动平均跨度"，并在 F11:F22 单元格区域中依次输入 2、3、4、…、13，即取移动平均跨度的值从 2 开始以步长 1 变化到 13。

以上步骤的操作所构建的 Excel 电子表格模型如图 9-7 所示。

	A	B	C	D	E	F	G
1	序号	月份	产量	产量移动平均预测值			
2	1	2014年1月	11307			移动平均跨度	3
3	2	2014年2月	9826			均方误差(MSE)	
4	3	2014年3月	11776				
5	4	2014年4月	9117			MSE的极小值	
6	5	2014年5月	5146			查表法求解最优移动平均跨度	
7	6	2014年6月	17841			2015年7月产量最优预测值	
8	7	2014年7月	11302				
9	8	2014年8月	3415			一维模拟运算表求对应的MSE	
10	9	2014年9月	7253			移动平均跨度	
11	10	2014年10月	14828			2	
12	11	2014年11月	5311			3	
13	12	2014年12月	13480			4	
14	13	2015年1月	9038			5	
15	14	2015年2月	14256			6	
16	15	2015年3月	7612			7	
17	16	2015年4月	12968			8	
18	17	2015年5月	9236			9	
19	18	2015年6月	12014			10	
20	19	2015年7月				11	
21						12	
22						13	

图 9-7 求解最优移动平均跨度的初始电子表格模型

6. 计算移动平均跨度的初始值为 3 时的月产量预测值。

在 D2 单元格中输入公式：=IF(A2<=$G$2,"",AVERAGE(OFFSET(D2,-$G$2,-1,$G$2,1)))，并使用填充柄复制到 D3:D20 单元格区域。得到的计算结果如图 9-8 所示。

7. 计算均方误差(MSE)。

在 G3 单元格中输入如下公式或数组公式：

G3=SUMXMY2(C2:C19,D2:D19)/COUNT(D2:D19)

或　{=AVERAGE(IF(D2:D19="","",(C2:C19-D2:D19)^2))}

8. 建立一维模拟运算表，计算当移动平均跨度从 2 变化到 13 时对应的均方误差(MSE)的值。

(1) 在 G10 单元格中输入公式：=G3。

(2) 选中 F10:G22 单元格区域，并在"数据"选项卡的"数据工具"组中单击"模拟分析"按钮，在打开的下拉菜单中选"模拟运算表"命令。

图 9-8 移动平均跨度为 3 的计算结果

(3) 在打开的对话框中设置"输入引用列的单元格"为 G2,并单击"确定"按钮(图 9-9),即可得到模拟运算的结果。

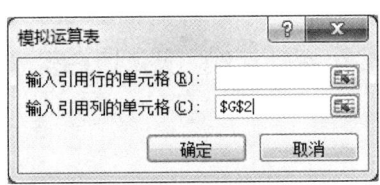

图 9-9 "模拟运算表"对话框

9. 计算 MSE 的极小值,使用查表法求解最优移动平均跨度。
(1) 计算 MSE 的极小值。在 G5 单元格中输入公式:=MIN(G11:G22)。
(2) 使用查表法求解最优移动平均跨度。在 G6 单元格中输入如下公式:
=INDEX(F11:F22,MATCH(G5,G11:G22,0))
或 =INDEX(F11:F22,MATCH(MIN(G11:G22),G11:G22,0))

10. 由查表法得,最优移动平均跨度为 12。

依据此值,在 G7 单元格中输入公式:=AVERAGE(C8:C19)。由此得 2015年 7 月份的产量最优预测值为 10060。

以上步骤的计算结果如图 9-10 所示。

	A	B	C	D	E	F	G
1	序号	月份	产量	产量移动平均预测值			
2	1	2014年1月	11307			移动平均跨度	3
3	2	2014年2月	9826			均方误差(MSE)	22959513.03
4	3	2014年3月	11776				
5	4	2014年4月	9117	10970		MSE的极小值	6633743.50
6	5	2014年5月	5146	10240		查表法求解最优移动平均跨度	12
7	6	2014年6月	17841	8680		2015年7月产量最优预测值	10060
8	7	2014年7月	11302	10701			
9	8	2014年8月	3415	11429		一维模拟运算表求对应的MSE	
10	9	2014年9月	7253	10853		移动平均跨度	22959513.03
11	10	2014年10月	14828	7324		2	27354418.39
12	11	2014年11月	5311	8499		3	22959513.03
13	12	2014年12月	13480	9131		4	19296603.06
14	13	2015年1月	9038	11207		5	21026412.99
15	14	2015年2月	14256	9276		6	14565977.69
16	15	2015年3月	7612	12258		7	15917594.37
17	16	2015年4月	12968	10302		8	11384727.74
18	17	2015年5月	9236	11612		9	12156713.86
19	18	2015年6月	12014	9939		10	9934399.23
20	19	2015年7月		11406		11	7986739.55
21						12	6633743.50
22						13	7602513.17

图 9-10 求解最优移动平均跨度的计算结果

实验 9.2　某餐饮连锁店餐饮外卖年销售量的指数平滑预测模型

【实验目的】
- 理解指数平滑预测法的概念。
- 掌握在 Excel 中建立指数平滑预测模型的方法。
- 掌握求解最优指数平滑常数的方法。

【实验内容】

表 9-2 记录了某餐饮连锁店从 1995—2014 年共 20 年的餐饮外卖的年销售量数据。该连锁店为更好地向广大客户提供优质的餐饮及服务，需对 2015 年的餐饮外卖的年销售量进行预测。

要求：

1. 以 0.55 为指数平滑常数，使用指数平滑法预测该连锁店 2015 年餐饮外卖的销售量。

2. 求解进行指数平滑预测时的最优指数平滑常数。

表 9-2　某餐饮连锁店 1995—2014 年餐饮外卖销售量数据

年份	销售量(份)	年份	销售量(份)
1995 年	6511	2005 年	7106
1996 年	6802	2006 年	6827
1997 年	6314	2007 年	7155
1998 年	8752	2008 年	7837
1999 年	6701	2009 年	8345
2000 年	6652	2010 年	7361
2001 年	8613	2011 年	8631
2002 年	8144	2012 年	6872
2003 年	9102	2013 年	6538
2004 年	8703	2014 年	6821

【实验步骤】

方法一：使用 Excel 的"指数平滑"分析工具进行预测

1. 新建一工作表，将表 9-2 的数据输入到工作表的 A1:B21 单元格区域中，在 A22 单元格中输入：2015 年，建立如图 9-11 所示的 Excel 电子表格模型。

2. 绘制该连锁店 1995—2014 年共 20 年的餐饮外卖年销售量折线图（带数据标记的折线图），并添加线性趋势线（图 9-12）。

具体操作请参见实验 9.1 中使用 Excel 的"移动平均"分析工具进行预测的步骤 2。

3. 由图 9-12 可知，该连锁店 20 年的年销售量的时间序列数据的趋势线为近似水平线，说明此时间序列数据无趋势成分和季节成分，可以应用移动平均法或指数平滑法进行数据预测。

本实验给定的原始数据为年度数据，建议采用指数平滑预测法。

4. 在 C1 和 D1 单元格中分别输入：销售量指数平滑预测值、标准误差。

5. 调用 Excel 的"指数平滑"分析工具。

(1) 在"数据"选项卡的"分析"组中选择"数据分析"命令，打开"数据分析"对话框。

(2) 在该对话框中选择"指数平滑"，单击"确定"按钮，打开"指数平滑"对话框（图 9 13）。

图 9-11　该连锁店 1995—2014 年餐饮外卖年销售量的原始数据

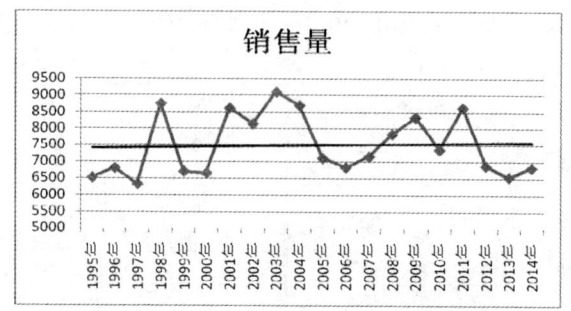

图 9-12　该连锁店 1995—2014 年餐饮外卖年销售量折线图

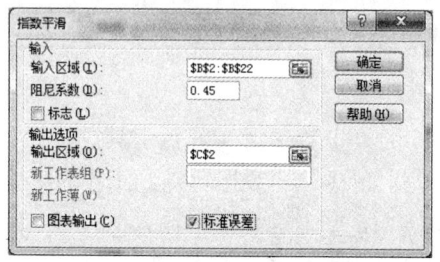

图 9-13　指数平滑对话框及参数设置

6．在此对话框中做如下设置：

(1)"输入区域"中输入或选择 B2:B22 单元格区域。

(2)"阻尼系数"中输入 0.45（注：指数平滑常数为 0.55，阻尼系数与指数平滑常数之和为 1）。

(3)在"输出区域"中输入 C2，并勾选"标准误差"复选框，单击"确定"按钮后，即可得到如图 9-14 所示的计算结果。

	A	B	C	D
1	年份	销售量	销售量指数平滑预测值	标准误差
2	1995年	6511	#N/A	#N/A
3	1996年	6802	6511	#N/A
4	1997年	6314	6671	#N/A
5	1998年	8752	6475	#N/A
6	1999年	6701	7727	1341.440301
7	2000年	6652	7163	1456.799811
8	2001年	8613	6882	1471.985054
9	2002年	8144	7834	1198.72973
10	2003年	9102	8004	1057.335683
11	2004年	8703	8608	1196.869453
12	2005年	7106	8660	660.7147281
13	2006年	6827	7805	1099.907029
14	2007年	7155	7267	1061.791714
15	2008年	7837	7206	1062.358015
16	2009年	8345	7553	675.4504231
17	2010年	7361	7989	588.4663055
18	2011年	8631	7643	688.0064587
19	2012年	6872	8187	815.8200334
20	2013年	6538	7464	1016.083262
21	2014年	6821	6955	1089.364137
22	2015年		6881	931.412378

图 9-14　使用"指数平滑"分析工具的预测结果

由此可得该连锁店 2015 年销售量预测值为：6881。

方法二：应用指数平滑预测值计算公式进行预测

1．新建一工作表，将表 9-2 的数据输入到工作表的 A1:B21 单元格区域中。

2．分别在 A22、C1、D1 单元格中输入：2015 年、销售量指数平滑预测值(方法一)和销售量指数平滑预测值(方法二)。

3．在 A24 和 B24 单元格中分别输入：指数平滑常数=0.55。

4．可使用以下两种方法之一计算销售量指数平滑预测值。

(1)使用如下变换式计算预测值：

$$F_{t+1} = \alpha Y_t + (1-\alpha)F_t$$

① 在 C2 单元格中输入公式：=B2；
② 在 C3 单元格中输入公式：=$B$24*B2+(1-$B$24)*C2；
③ 使用填充柄将 C3 单元格中的公式复制到 C4:C22 单元格区域。

(2)使用如下变换式计算预测值：

$$F_{t+1} = F_t + \alpha(Y_t - F_t)$$

① 在 D2 单元格中输入公式：=B2；
② 在 D3 单元格中输入公式：=D2+$B$24*(B2-D2)；
③ 使用填充柄将 D3 单元格中的公式复制到 D4:D22 单元格区域。

以上操作的计算结果如图 9-15 所示。可见，指数平滑预测值计算公式的两种变换式的计算是等价的，可依据问题的不同要求应用相应的变换式。

	A	B	C	D
1	年份	销售量	销售量指数平滑预测值(方法一)	销售量指数平滑预测值(方法二)
2	1995年	6511	6511	6511
3	1996年	6802	6511	6511
4	1997年	6314	6671	6671
5	1998年	8752	6475	6475
6	1999年	6701	7727	7727
7	2000年	6652	7163	7163
8	2001年	8613	6882	6882
9	2002年	8144	7834	7834
10	2003年	9102	8004	8004
11	2004年	8703	8608	8608
12	2005年	7106	8660	8660
13	2006年	6827	7805	7805
14	2007年	7155	7267	7267
15	2008年	7837	7206	7206
16	2009年	8345	7553	7553
17	2010年	7361	7989	7989
18	2011年	8631	7643	7643
19	2012年	6872	8187	8187
20	2013年	6538	7464	7464
21	2014年	6821	6955	6955
22	2015年		6881	6881
24	指数平滑常数=	0.55		

图 9-15 使用指数平滑预测值计算公式的计算结果

方法三：求解最优指数平滑常数进行预测

1. 新建一工作表，将表 9-2 中的数据输入到 A1:B21 单元格区域中。

2. 在 A22、C1 和 D1 单元格中分别输入"2015 年"、"销售量指数平滑预测值"和"查表法最优预测值"。

3. 在 F2 和 F3 单元格中分别输入"指数平滑常数"和"均方误差(MSE)"；在 F5、F6 和 F7 单元格中依次输入"MSE 的极小值"、"查表法求解最优指数平滑常数"和"2015 年销售量最优预测值"。

4. 在 G2 单元格中输入数值 0.55，即先设定指数平滑常数的初始值为 0.55。

5. 在 F9 和 F10 单元格中分别输入"一维模拟运算表求对应的 MSE"和"指数平滑常数"，并在 F11:F21 单元格区域中依次输入 0.10、0.15、0.20、…、0.60，即取指数平滑常数的值从 0.1 开始以步长 0.05 变化到 0.6。

6. 计算指数平滑常数的初始值为 0.55 时的销售量预测值。

在 C2 单元格中输入公式：=B2；在 C3 单元格中输入公式：=$G$2*B2+(1-$G$2)*C2；并使用填充柄复制到 C4:C22 单元格区域。

7. 查表法计算最优预测值。

在 D2 单元格中输入公式：=B2，在 D3 单元格中输入公式：=$G$6*B2+(1-$G$6)*D2，即假定最优指数平滑常数为 G6 单元格中的值(此时为空)，并使用填充柄复制到 D4:D22 单元格区域。

8. 计算均方误差(MSE)。

在 G3 单元格中输入如下公式或数组公式：

$$G3=SUMXMY2(B2:B21,C2:C21)/COUNT(C2:C21)$$ 或
$$\{=AVERAGE((B2:B21-C2:C21)\wedge 2)\}$$

9. 建立一维模拟运算表，计算当指数平滑常数从 0.1 变化到 0.6 时对应的均方误差(MSE)的值。

(1)在 G10 单元格中输入公式：=G3。

(2)选中 F10:G21 单元格区域，并在"数据"选项卡的"数据工具"组中单击"模拟分析"按钮，在打开的下拉菜单中选"模拟运算表"命令。

(3)在打开的对话框中设置"输入引用列的单元格"为 G2，并单击"确定"按钮(如图 9-9 所示)，即可得到模拟运算的结果。

10. 计算 MSE 的极小值，使用查表法求解最优指数平滑常数。

(1)计算 MSE 的极小值。在 G5 单元格中输入公式：=MIN(G11:G21)。

(2)使用查表法求解最优指数平滑常数。在 G6 单元格中输入如下公式：

$$G6=INDEX(F11:F21,MATCH(G5,G11:G21,0))$$

或 $$G6=INDEX(F11:F21,MATCH(MIN(G11:G21),G11:G21,0))$$

11. 由查表法得，最优指数平滑常数为 0.35。此时在 D22 单元格中已依据此值及相关公式计算出 2015 年销售量最优预测值。

12. 在 G7 单元格中输入公式：=D22，获取 2015 年销售量最优预测值为 7090。以上操作的计算结果如图 9-16 所示。

年份	销售量	销售量指数平滑预测值	查表法最优预测值			
1995年	6511	6511	6511	指数平滑常数		0.55
1996年	6802	6511	6511	均方误差(MSE)		970135.73
1997年	6314	6671	6613			
1998年	8752	6475	6508	MSE的极小值		931372.31
1999年	6701	7727	7294	查表法求解最优指数平滑常数		0.35
2000年	6652	7163	7086	2015年销售量最优预测值		7090
2001年	8613	6882	6934			
2002年	8144	7834	7522	一维模拟运算表求对应的MSE		
2003年	9102	8004	7740	指数平滑常数		970135.73
2004年	8703	8608	8216		0.10	1069329.66
2005年	7106	8660	8387		0.15	995171.96
2006年	6827	7805	7938		0.20	958699.66
2007年	7155	7267	7549		0.25	940103.10
2008年	7837	7206	7411		0.30	932146.42
2009年	8345	7553	7560		0.35	931372.31
2010年	7361	7989	7835		0.40	935776.01
2011年	8631	7643	7669		0.45	944126.59
2012年	6872	8187	8006		0.50	955701.61
2013年	6538	7464	7609		0.55	970135.73
2014年	6821	6955	7234		0.60	987314.01
2015年		6881	7090			

图 9-16　求解最优指数平滑常数的计算结果

第10章 回归分析预测

实验 10.1 一元线性回归分析

【实验目的】
- 掌握回归预测问题的方法和基本步骤。
- 掌握一元线性回归问题的各种分析方法。

【实验内容】

以 1989—2010 年中国 R&D（Research and Development）投入与 GDP（Gross Domestic Product）相关数据为依据（表 10-1），建立 GDP(y) 对 R&D(x) 的一元线性回归模型。具体要求如下：

1. 建立 R&D 与 GDP 散点图，在图上添加线性趋势线、线性回归方程及判定系数 R^2 的值。
2. 使用规划求解法计算一元线性回归模型的参数，求解预测判定系数 R^2 的值。
3. 使用回归分析工具建立一元线性回归模型，求解模型参数和判定系数 R^2 的值，并通过 R^2 判断回归方程的线性关系是否显著。
4. 比较上述 3 种方法的结果，并预测 R&D 投入为 8100 亿元时 GDP 的值。
5. 将规划求解法预测得到的 GDP 预测值添加到散点图上。

表 10-1 1989—2010 年中国 R&D 投入与 GDP 相关数据表

年份	R&D（亿元）	GDP（亿元）
1989	112.31	16,992.30
1990	125.43	18,667.80
1991	159.46	21,781.50
1992	198.03	26,923.50
1993	248.01	35,333.90
1994	306.26	48,197.90
1995	348.69	60,793.70
1996	404.48	71,176.60

续表

年份	R&D(亿元)	GDP(亿元)
1997	509.16	78,973.00
1998	551.12	84,402.30
1999	678.91	89,667.10
2000	895.66	99,214.60
2001	1,042.49	109,655.20
2002	1,287.64	120,332.70
2003	1,539.63	135,822.80
2004	1,966.33	159,878.30
2005	2,449.97	184,937.40
2006	3,003.10	216,314.40
2007	3,710.20	265,810.30
2008	4,616.00	314,045.40
2009	5,802.10	340,902.80
2010	7,062.58	401,202.00

【操作步骤】

1．采用图表分析——添加趋势线。

(1)打开 Excel 实验素材中相应的工作簿文件中的工作表，选取 B1:C23 单元格区域的单元格，在"插入"选项卡中选择"图表"组，单击"散点图"按钮，创建如图 10-1 所示的图表。

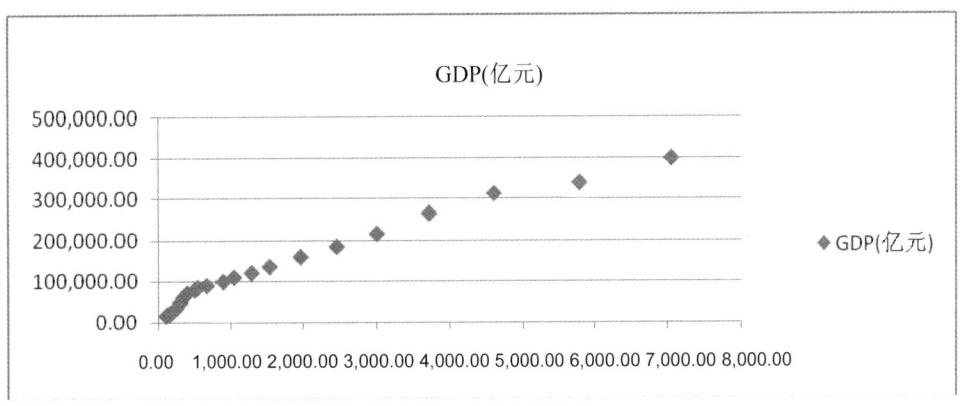

图 10-1　R&D 与 GDP 散点图

(2)在图表中右击数据系列，在弹出的快捷菜单中选择"添加趋势线"命令，弹出"设置趋势线格式"对话框。设置"趋势预测/回归分析类型"为线性，勾选"显示公式"和"显示 R 平方值"复选框，结果如图 10-2 所示。

(3)关闭对话框，得到图表分析法的回归模型，如图 10-3 所示。求得回归方程为 $y = 55.44x + 38581$，$R^2 = 0.9744$。$R^2 > 0.9$，说明曲线拟合得较好。

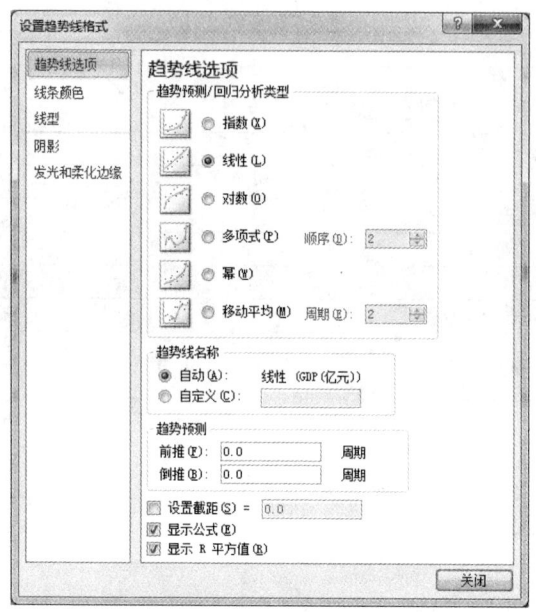

图 10-2　趋势线格式的设置

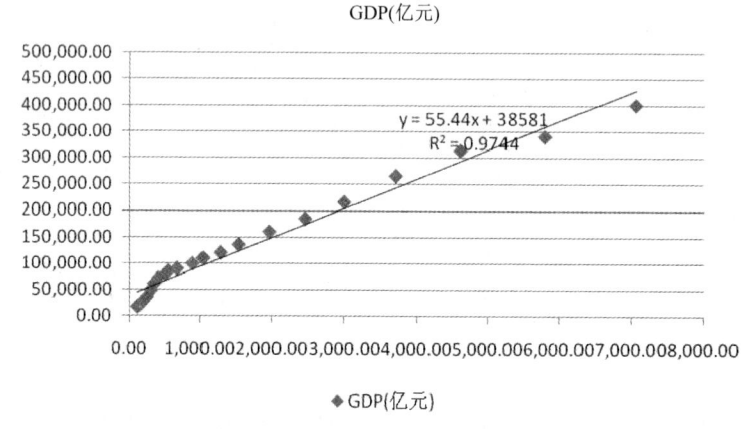

图 10-3　趋势线与回归方程

2．使用规划求解工具。

(1) 假设回归方程为：$Y = a + bX$。设参数 $a=5$，$b=10$，在 G6 和 G7 单元格中分别输入 5 和 10，在 D2 单元格中输入公式=$G$6+$G$7*B2，然后利用填充柄复制公式，填充至 D3:D23 的单元格区域中，计算 GDP 的估计值 Y'。

(2) 在 G8 单元格中输入公式"{=AVERAGE((C2:C23-D2:D23)^2)}"，计算 GDP 的观测值与估计值之间的均方差 MSE，结果如图 10-4 所示。

	A	B	C	D	E	F	G
1	年份	R&D(亿元)	GDP(亿元)	GDP(亿元)估计值			
2	1989	112.31	16,992.30	1128.1			
3	1990	125.43	18,667.80	1259.3			
4	1991	159.46	21,781.50	1599.6		规划求解法计算的参数值	
5	1992	198.03	26,923.50	1985.3		截距(a)	5.00
6	1993	248.01	35,333.90	2485.1		斜率(b)	10.00
7	1994	306.26	48,197.90	3067.6		均方误差(MSE)	21297052178.30
8	1995	348.69	60,793.70	3491.9			
9	1996	404.48	71,176.60	4049.8			
10	1997	509.16	78,973.00	5096.6			
11	1998	551.12	84,402.30	5516.2			
12	1999	678.91	89,667.10	6794.1			
13	2000	895.66	99,214.60	8961.6			
14	2001	1,042.49	109,655.20	10429.9			
15	2002	1,287.64	120,332.70	12881.4			
16	2003	1,539.63	135,822.80	15401.3			
17	2004	1,966.33	159,878.30	19668.3			
18	2005	2,449.97	184,937.40	24504.7			
19	2006	3,003.10	216,314.40	30036			
20	2007	3,710.20	265,810.30	37107			
21	2008	4,616.00	314,045.40	46165			
22	2009	5,802.10	340,902.80	58026			
23	2010	7,062.58	401,202.00	70630.8			

图 10-4　初始值的设置及估计值与均方差的计算

(3)在"数据"选项卡中选择"分析"组,单击"规划求解"按钮,弹出"规划求解"对话框,选取 G8 单元格为设置目标达到最小值,G6:G7 单元格区域为可变单元格,单击"求解"按钮,具体设置如图 10-5 所示。

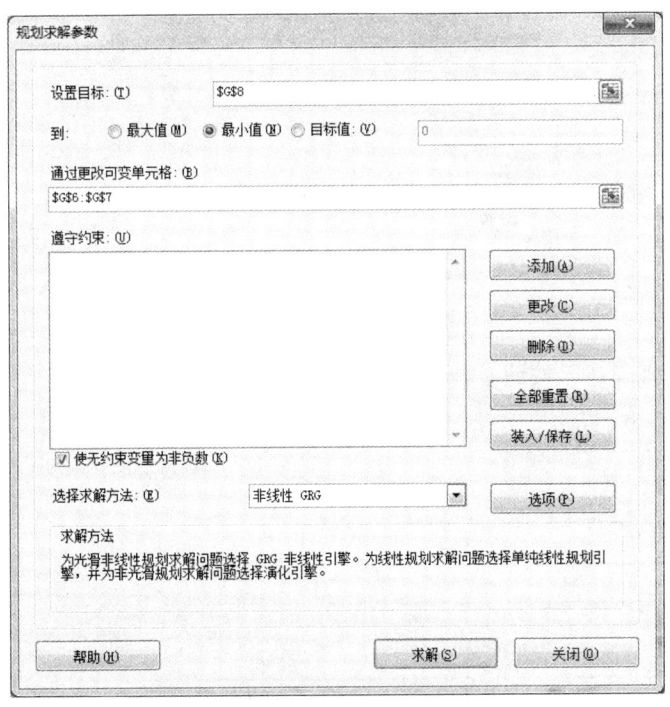

图 10-5　规划求解参数的设置

(4) 求解得到 a = 38581.22，b = 55.439，则回归方程为 $y = 55.44x + 38581.22$。

(5) 在 G9 单元格中输入公式"=RSQ(C2:C23,B2:B23)"，计算判定系数 R^2。结果如图 10-6 所示。

规划求解法计算的参数值	
截距(a)	38581.22
斜率(b)	55.44
均方误差(MSE)	303318366.29
R^2	0.9744168

图 10-6 规划求解与判定系数 R^2 的结果

3. 使用回归分析报告工具。

(1) 在"数据"选项卡中选择"分析"组，单击"数据分析"按钮，选取"回归"分析工具，弹出"回归"对话框。

(2) 设置"Y 值输入区域"为 C1:C23，"X 值输入区域"为 B1:B23，勾选"标志"复选框，设"输出区域"为 B27，具体设置如图 10-7 所示。

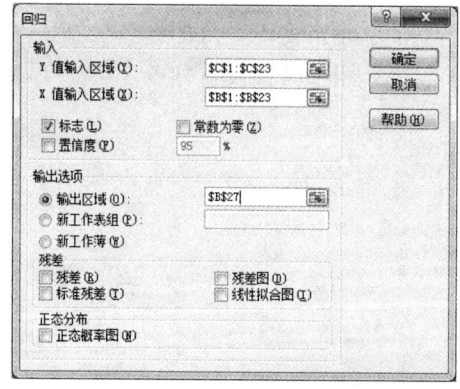

图 10-7 回归分析参数的设置

(3) 单击"确定"按钮，得到如图 10-8 所示的回归分析报告。

```
SUMMARY OUTPUT

           回归统计
Multiple R       0.987125524
R Square         0.9744168
Adjusted R Squa  0.97313764
标准误差          18266.09435
观测值            22

方差分析
              df          SS          MS          F         Significance F
回归分析        1       2.54162E+11  2.54E+11   761.7630257    2.1412E-17
残差           20       6673004058   3.34E+08
总计           21       2.60835E+11

              Coefficients  标准误差      t Stat      P-value    Lower 95%   Upper 95%  下限 95.0上限 95.0
Intercept     38581.16303   5156.471975  7.482085    3.22653E-07  27824.95097  49337.38  27824.95  49337.38
R&D(亿元)      55.43963225   2.008678339  27.60005    2.1412E-17   51.24960266  59.62966  51.2496   59.62966
```

图 10-8 回归分析报告

(4) 报告中 a= 38581.16303，b= 55.43963225，R^2=0.9744168，说明回归方程的线性相关性显著。

4．三种方法的比较和回归预测。

(1) 三种方法的结果相一致，这里采用规划求解的参数进行回归预测。

(2) 在 G13 单元格中输入公式"=G6+G7*G12"，预测 R&D 为 8100 亿元时 GDP 的值，结果如图 10-9 所示。

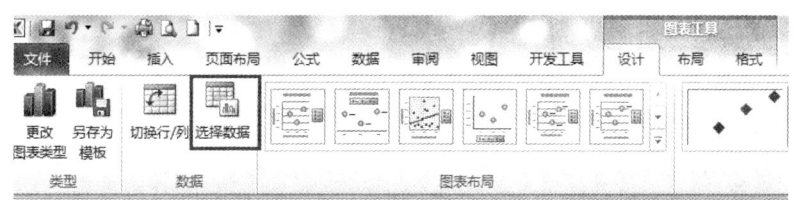

图 10-9　GDP 预测值

(3) 将预测值添加到散点图上。

① 选中数据系列。

② 单击"选择数据"按钮(图 10-10)，打开"选择数据源"对话框(图 10-11)。

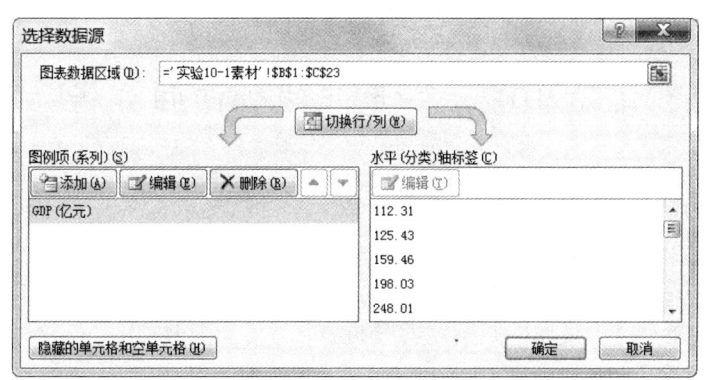

图 10-10　"选择数据"位置

③ 单击"添加"按钮，打开"编辑数据"对话框，添加 R&D 投入为 8100 亿元时 GDP 预测值的点，结果如图 10-12 和图 10-13 所示。

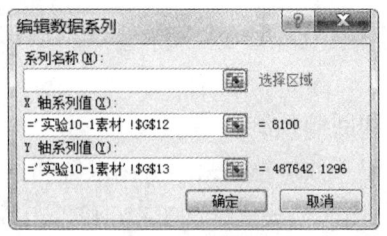

图 10-12 "编辑数据系列"对话框

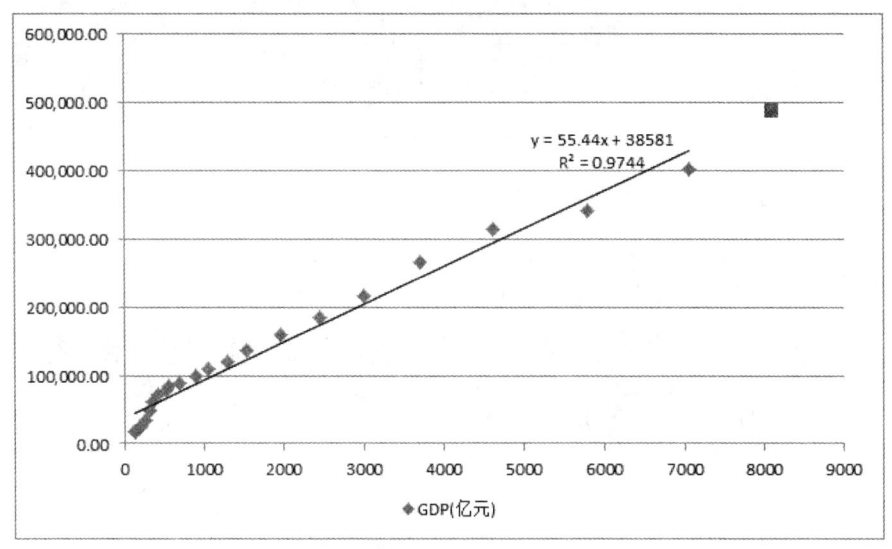

图 10-13 添加数据后的散点图

实验 10.2 一元非线性回归分析

【实验目的】
- 熟悉常用的非线性函数模型。
- 掌握非线性函数模型的线性转化方法。
- 掌握一元非线性回归问题的分析方法。

【实验内容】
在实验中让海洋细菌暴露在 200 千伏 X 射线下,暴露时间 t 从 1 个到 15 个时长依次增加,每个时长 6 分钟。用平板计数法估计每次存活的细菌数(以百个计),相关数据如表 10-2 所示。具体要求如下:

表 10-2　细菌存活数表（以百个计）

时长 t	细菌数（以百个计）
1	355
2	250
3	197
4	166
5	142
6	106
7	104
8	70
9	56
10	38
11	36
12	32
13	21
14	20
15	13

1. 建立时长 t 与细菌数的散点图，在图上添加线性趋势线、非线性回归方程及判定系数 R^2 的值。

2. 使用规划求解法计算一元非线性回归模型的参数，求解模型参数和判定系数 R^2 的值。

3. 采用变量转化的方法把非线性问题转换为线性问题，再使用回归分析工具求解模型参数和判定系数 R^2 的值。

【操作步骤】

1. 采用图表分析——添加趋势线。

打开 Excel 实验素材中相应的工作表，选取 A1:B16 单元格区域的单元格，在"插入"选项卡中选择"图表"组，单击"散点图"按钮，创建如图 10-14 所示的图表。

在图表中右击数据系列，在弹出的快捷菜单中选择"添加趋势线"命令，弹出"设置趋势线格式"对话框。设置"趋势预测/回归分析类型"为对数，勾选"显示公式"和"显示 R 平方值"复选框，关闭对话框，得到图表分析法的回归模型，如图 10-15 所示。

求解结果中 $R^2 = 0.9923 > 0.9$，说明曲线拟合得较好。

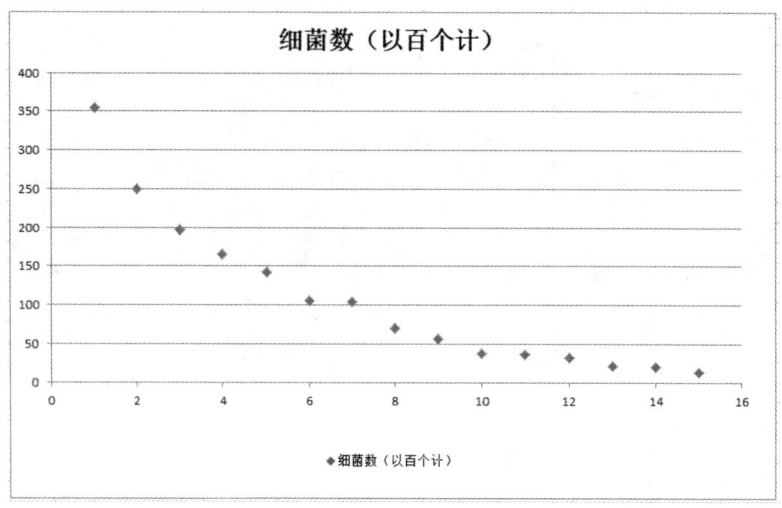

图 10-14 细菌数与时长散点图

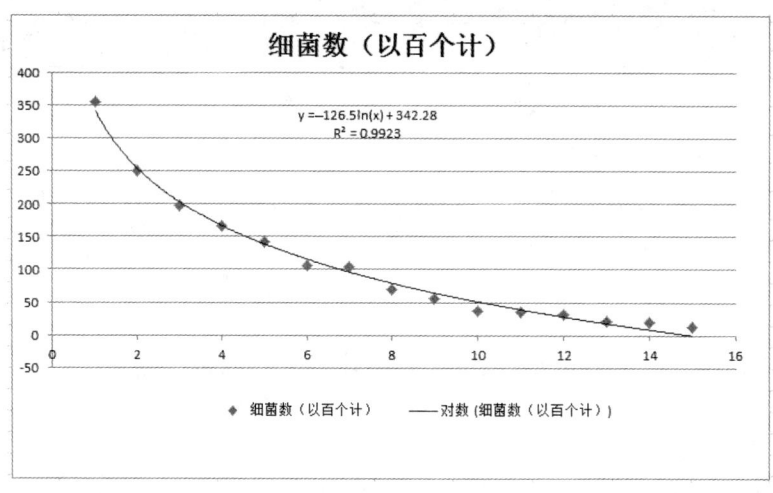

图 10-15 趋势线与回归方程

2. 使用规划求解工具。

(1) 假设回归方程为：$Y = a + b\ln X$。

(2) 首先设参数 $a=1$、$b=1$，在 G4 和 G5 单元格中分别输入 1，在 D2:D16 区域的单元格中计算细菌数的估计值 Y；然后在 G6 单元格中输入计算细菌数的观测值与估计值之间的均方差 MSE 公式，结果如图 10-16 所示。

(3) 规划求解参数的具体设置如图 10-17 所示。

第 10 章　回归分析预测

	A	B	C	D	E	F	G
1	时长t	细菌数（以百个计）	t'=ln(t)	细菌数估计值			
2	1	355		1			
3	2	250		1.693147181			
4	3	197		2.098612289		截距a	1
5	4	166		2.386294361		斜率b	1
6	5	142		2.609437912		MSE	20201.75346
7	6	106		2.791759469			
8	7	104		2.945910149			
9	8	70		3.079441542			
10	9	56		3.197224577			
11	10	38		3.302585093			
12	11	36		3.397895273			
13	12	32		3.48490665			
14	13	21		3.564949357			
15	14	20		3.63905733			
16	15	13		3.708050201			

图 10-16　初始值的设置及估计值与均方差的计算

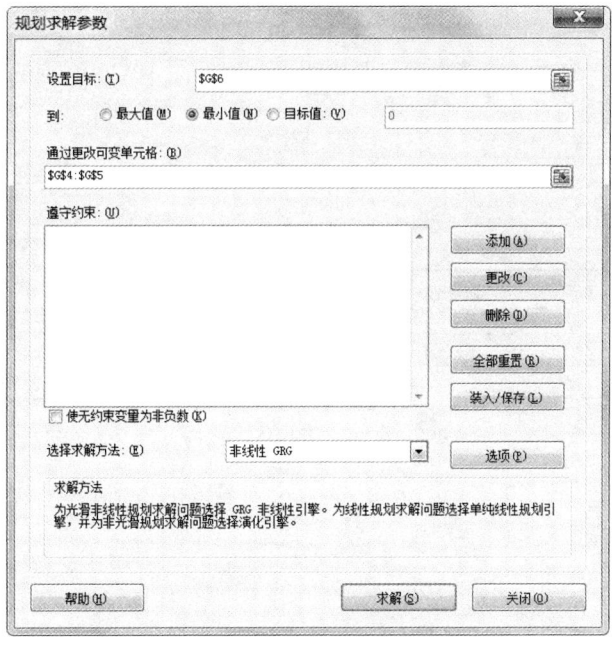

图 10-17　规划求解参数的设置

(4) 规划求解结果如图 10-18 所示。

截距a	342.2793363
斜率b	-126.4617438
MSE	70.5539494

图 10-18　规划求解参数的结果

3．使用回归分析报告工具。

(1) 把非线性回归分析转换为线性回归分析，如图 10-19 所示。

A	B	C
时长t	细菌数（以百个计）	t'=ln(t)
1	355	0.000000
2	250	0.693147
3	197	1.098612
4	166	1.386294
5	142	1.609438
6	106	1.791759
7	104	1.945910
8	70	2.079442
9	56	2.197225
10	38	2.302585
11	36	2.397895
12	32	2.484907
13	21	2.564949
14	20	2.639057
15	13	2.708050

图 10-19　非线性转化为线性

(2)设置回归参数，单击"确定"按钮，得到如图 10-20 所示的回归分析报告。

SUMMARY OUTPUT

回归统计

Multiple	0.996157244
R Square	0.992329254
Adjusted	0.991739197
标准误差	9.022660536
观测值	15

方差分析

	df	SS	MS	F	gnificance F
回归分析	1	136908.6241	136908.6241	1681.750517	3.886E-15
残差	13	1058.309241	81.40840314		
总计	14	137966.9333			

	Coefficients	标准误差	t Stat	P-value	Lower 95%	Upper 95%	下限 95.0%	上限 95.0%
Intercept	342.2796598	6.19068549	55.28946033	8.16066E-17	328.9055	355.6538227	328.9054969	355.6538
X Variabl	-126.461901	3.083748286	-41.00915163	3.88613E-15	-133.1239	-119.7998679	-133.1239342	-119.8

图 10-20　回归分析报告

报告中 a=324.27，b=-126.46，R^2=0.9923，说明回归方程的线性相关性显著。

参 考 文 献

卜红宝，冯勇．2014．Excel 在财经中的应用[M]．杭州：浙江大学出版社．
陈福军．2013．Excel 财务应用教程[M]．北京：清华大学出版社．
崔杰，姬昂，崔婕．2014．Excel 在会计和财务中的应用[M]．北京：清华大学出版社．
恒盛杰资讯．2008．Office 在会计与财务管理中的应用[M]．北京：中国青年出版社．
刘兰娟．2010．经济管理中的计算机应用[M]．北京：清华大学出版社．
吕志明．2007．Excel 高级财会应用[M]．北京：清华大学出版社，北京交通大学出版社．
唐小毅，吴靖，杨钰琳．2013．Excel 在经济管理中的应用[M]．2 版．北京：中国人民大学出版社．
小特洛伊·A·阿代尔．2007．Excel 在财务管理中的应用[M]．张瑞君，孙玥璠，译．北京：中国人民大学出版社．
徐爱民．2010．Excel 财务实践应用精练[M]．北京：化学工业出版社．
易跃明．2013．Excel 在经济和财务管理中的应用[M]．北京：北京理工大学出版社．
Microsoft Corporation. Microsoft Office 协助：Excel 帮助文档．
Miller M. 2014. Microsoft Excel 2013[M]. A member of penguin Group（USA）Inc. New York USA.
Walkenbach J. 2013. Microsoft Excel 2013 BIBLE[M]. John Wiley & Sons Inc. indianapolis, Indiana, USA.